상하이人
홍콩人
베이징人

CHUGOKUJIN NO HASSOU TO HONNE

(原題・中國人の 發想と本音)

by Kong Jian

Copyright (c) 2002 Kong Jian

All right reserved.

Originally published in Japan by KAWADE SHOBO SHINSHA, Tokyo.

Korean translation rights arranged with

KAWADE SHOBO SHINSHA, Japan

through the SAKAI AGENCY and SUN LITERARY AGENCY, Korea.

상하이人
홍콩人

공건(孔健) 지음
안수경 옮김

베이징人

사과나무

옮긴이 안수경

서울에서 태어나 중앙대학교 일어일문과를 졸업했다.

출판기획자로 일했고, 현재는 전문번역가로 활동중이다.

옮긴 책으로 〈미야모토 무사시의 전략경영〉

〈역마차와 푸른 지폐—아메리칸 익스프레스의 벤처경영〉

〈소크라테스처럼 말하라〉

〈칭찬받고 자란 아이 꾸중듣고 자란 아이〉

〈아이를 지혜롭게 꾸짖는 비결 99〉 등이 있다.

상하이人, 홍콩人, 베이징人

1판 1쇄 펴냄 2003년 9월 15일
1판 2쇄 펴냄 2003년 12월 20일

지은이 공건(孔健)
옮긴이 안수경
펴낸곳 도서출판 사과나무
펴낸이 권정자
본문 · 표지디자인 프리즘
등록 1996년 9월 30일(제11-123)
경기도 고양시 행신동 샘터마을 301-1208
전화 (031) 978-3436
팩스 (031) 978-2835
e-메일 saganamu@chollian.net
값 11,000원
ISBN 89-87162-57-5 03320

제4장 기타 각성(各省)의 성민성

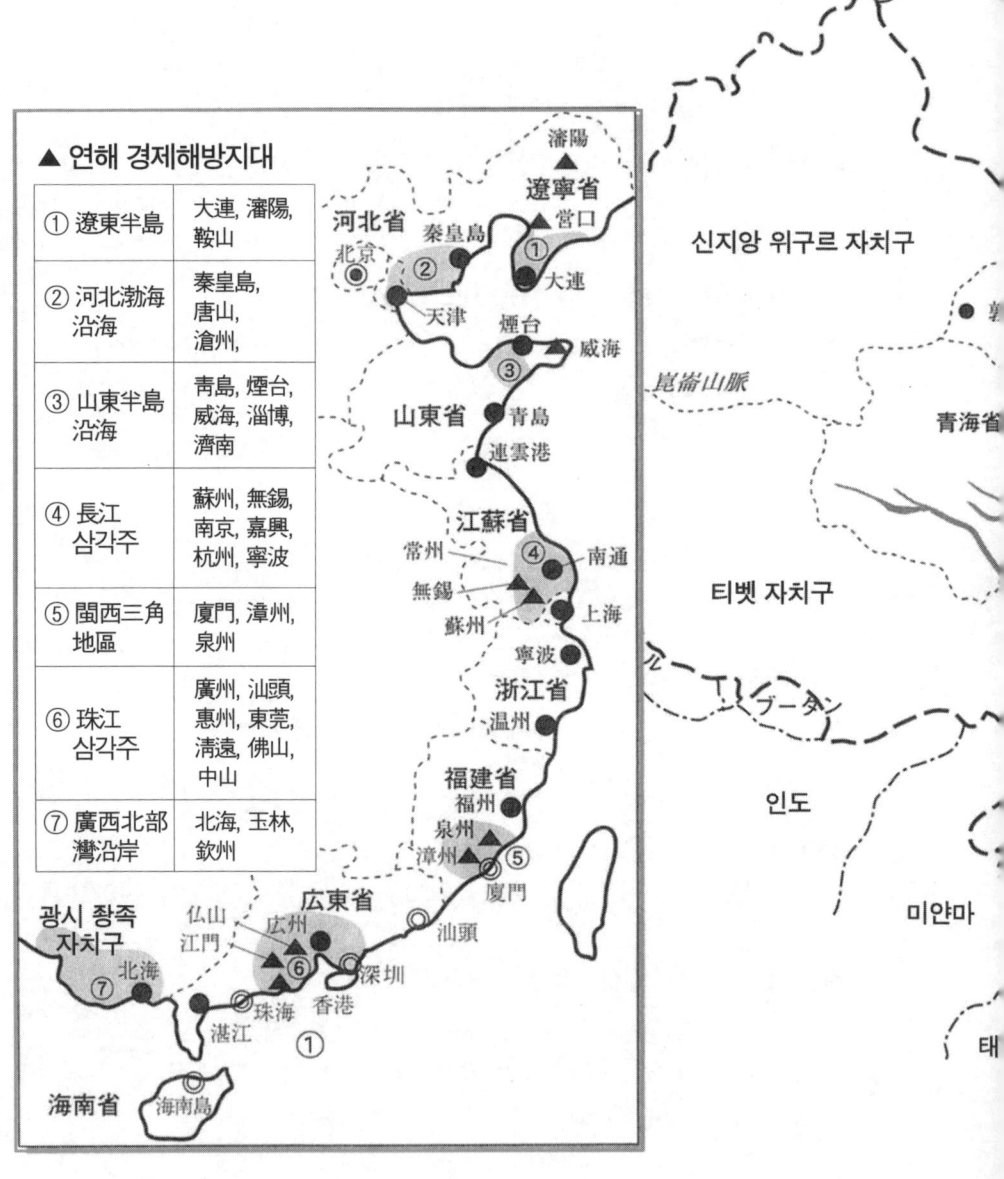

▲ 연해 경제해방지대

① 遼東半島	大連, 瀋陽, 鞍山
② 河北渤海 沿海	秦皇島, 唐山, 滄州,
③ 山東半島 沿海	靑島, 煙台, 威海, 淄博, 濟南
④ 長江 삼각주	蘇州, 無錫, 南京, 嘉興, 杭州, 寧波
⑤ 閩西三角 地區	廈門, 漳州, 泉州
⑥ 珠江 삼각주	廣州, 汕頭, 惠州, 東莞, 淸遠, 佛山, 中山
⑦ 廣西北部 灣沿岸	北海, 玉林, 欽州

신지앙 위구르 자치구

崑崙山脈

티벳 자치구

청해성

瀋陽

遼寧省

営口

① 大連

河北省

北京

② 秦皇島

天津

煙台

威海

③

山東省

靑島

連雲港

江蘇省

常州

④ 南通

無錫

蘇州

上海

寧波

浙江省

温州

福建省

福州

泉州

漳州

⑤ 廈門

広東省

仏山

広州

江門

⑥

汕頭

深圳

香港

①

珠海

湛江

⑦ 北海

광시 쫭족 자치구

海南省

海南島

인도

미얀마

태

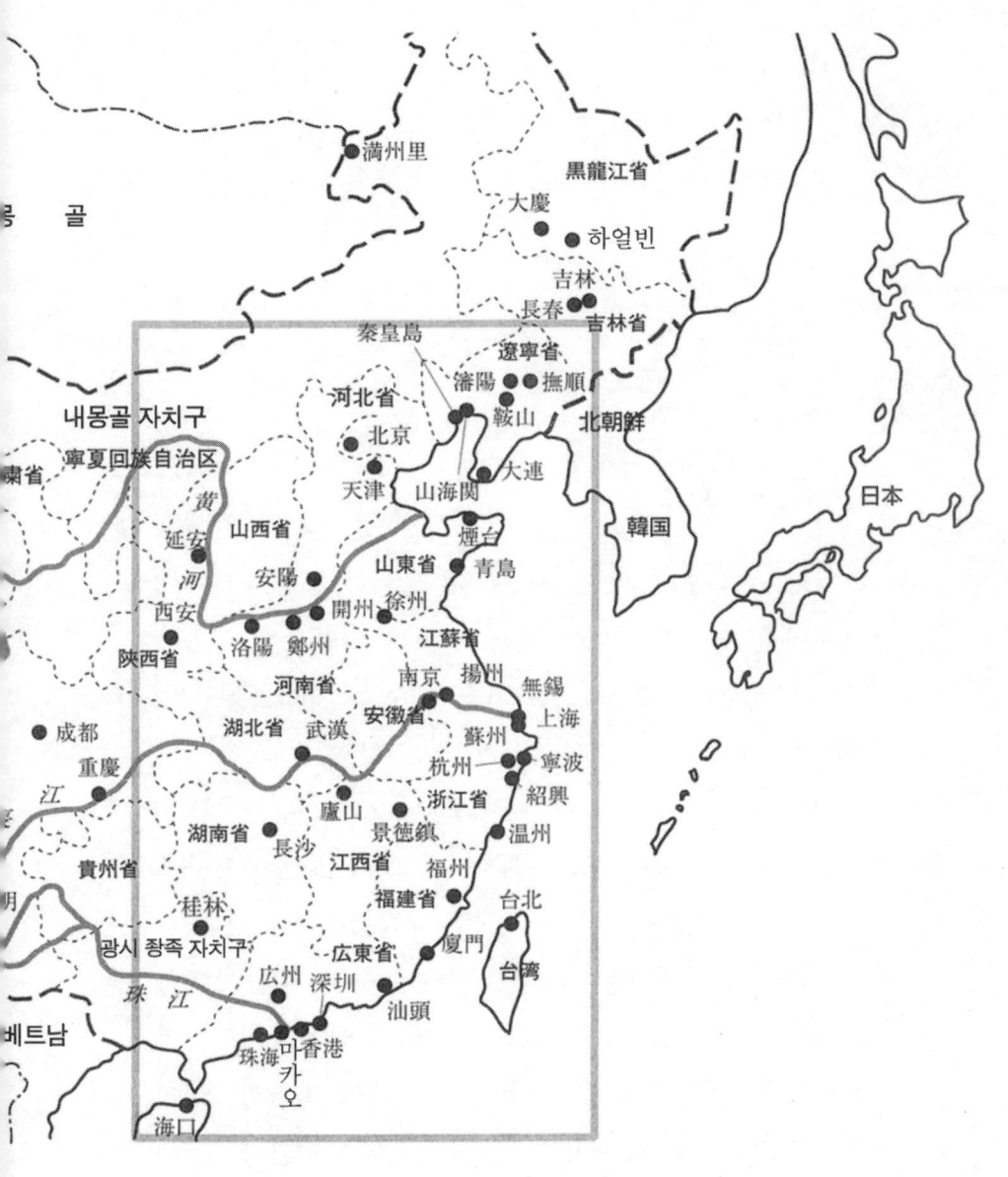

머리말

　세월의 흐름은 생각했던 것보다 훨씬 빨랐다. 중국 출신인 내가 일본에 온 지도 벌써 17년이 지났으니까. 이 17년 동안, 나는 중국에 대해 정확한 정보를 제공하고, 중국에 진출하려는 일본 기업들에게 컨설팅을 해왔다.

　어언 4000년의 역사를 자랑하는 중국과 2000년의 역사를 지닌 일본. 지리적으로도 가깝고, 한자라는 공통 문자를 사용하며, 다른 어느 민족들보다 역사적·문화적으로 밀접한 관계에 있다. 하지만, 지난 17년 동안 내가 접한 일본인은 현대의 중국을 잘 아는 것처럼 생각하고 있었고, 그 때문에 의외로 오해하는 면이 많았다. 중국인들에게도 일본이라는 나라와 국민성은 수수께끼처럼 이해하기 어렵다고 생각한 적이 종종 있었다. 서로의 오해와 수수께끼를 풀기 위해서는, 전체를 막연하게 파악할 것이 아니라, 정면에

상하이人, 홍콩人, 베이징人

서 하나하나의 모습을 파악하려는 자세가 중요하다고 절실하게 느끼게 되었다.

국교회복 이후 30년 동안, 일본 기업의 대(對) 중국 진출도 활발했다. 특히 1980년 중국의 개혁·개방정책 이후, 중국을 상대로 한 비즈니스는 비약적인 발전을 거듭해 오늘날에 이르고 있다.

물론, 대 중국 비즈니스에서 성공한 기업이 있다면, 실패한 기업도 있다. 이 둘의 차이는 무엇인가. 그것은 바로 중국 혹은 중국인에 대한 기초적인 지식과 이해에 차이가 있었던 것이다.

일본인들은 중국인을 모두 똑같다고 오해하고 있는 부분이 있다. 중국의 총인구는 약 13억. 그중 한족이 90%를 차지한다. 그 외 만주족, 몽고족, 후이족이 있으며, 먀오족, 쫭족, 티벳족, 바이족, 이족 등 소수민족을 포함하면, 56개 민족의 다민족국가라 할 수 있다. 각각 역사와 언어 그리고 문화와 풍속이 다르다. 또한 전국이 22개 성(省), 4개 직할시, 5개 자치구, 홍콩, 마카오 같은 특별행정구 등으로 나뉘어져 있다.

각 성, 시, 자치구에 생활하는 사람들의 기질은 다른 나라 사람들이 상상하는 것보다 훨씬 다르다.

중국인이 몇 명 모이면 출신지에 대한 화제로 이야기꽃을 피운다. 중국인은 지연·혈연을 소중하게 여기는 민족으로, 자신의 연줄을 잘 파악해두고, 상대의 연줄에 무슨 허점이 없는가 유심히 살펴본다.

중국인에게는 '향방(鄕幇)·종교'라고 하는 사상이 있다. 고향이 같거나 종교가 같은 사람들끼리 의기투합하고 단결하여, 강력한 파벌과 조직망을 만들어가는 것을 뜻한다. 그래서, 광대한 지역 어디에 이주해 살아도 같은 고향 사람들끼리는 서로 도우며 인간 관계를 돈독히 해나간다. 또, 동향인끼리도 생활양식이나 풍속 습관 등에 공통점을 가지고 있기는 해도, 지역·출신지에 따라 향토인 기질이 다르게 나타난다.

중국 각지의 사람들의 특징을 파악하고 있으면, 앞으로 중국인과 교류하는 데 있어 좋은 참고가 될 것이다. 중국에서는 출신지와 성민성(省民性)에 따라 정치와 경제를 달리 해야 한다고까지 말하고 있다.

나는 예전에 앙케트 조사 등을 통해, 중국의 성(省)과 시(市)의 서민 기질을 조사한 적이 있었다.

신중국의 건국 초기부터 중기 단계까지 정치는 마오쩌둥[毛澤東], 덩샤오핑[鄧小平]의 시대였다. 마오쩌둥의 출신지는 후난성[湖南省]이다. 후난성이라는 말을 들으면 중국인은 종종 '후난 정벌'을 떠올리며 정치 파벌의 살벌함을 잊지 않고 있었다.

마오쩌둥의 출신지 후난성은 역사적으로 태평천국 발생지였다. 혁명 시대, 가장 먼저 혁명을 일으킨 곳이 후난성이다. 지리적으로는 내륙의 변두리이며, 기후도 덥고 습기가 많은 곳이다. 이런 풍토에서 체력을 유지하기 위해, 후난성 사람들은 예부터 하루도 거르지 않고 식탁에 고추를 올렸다. 마오쩌둥도 이 고추를 먹지 않으면 절대로 잠을 이루지 못했다고 한다. 이런 가난한 환경에서 살아온 사람들이 매일 무엇을 생각하고 있었을까. 그것은 바로 혁명과 개혁 등 정치에 관한 것이었다.

옛날 혁명 요람의 시대, 제일 먼저 혁명기의 깃발을 든 것은 대부분 후난성 사람들이었다.

후난인은 어떤 의미에서는 용맹과감하지만, 음양의 이치로 말하면 음습한 기질이 있다(마오쩌둥 시대의 중앙 상층부 간부 중 40%가 후난성 출신이었다). 남을 별로 신뢰하지 않는 경향이 있어, '후난 정치 세력'을 형성했다. 정치·사상 투쟁·경제 노선에서 다른 의견을 주장하는 정적이 등장하면 큰일이다. 철저하게 배척되어 결국 숙청당하고 만다.

문화대혁명으로 실각한 류사오치〔劉少奇〕국가주석도 마오쩌둥과 동향인 후난성 출신이었다. 하지만, 마오 파의 정치 노선에 다른 의견을 내세웠다는 이유로 '반혁명'의 낙인이 찍혀, 결국 숙청되었다. 후난인 기질인 잔혹한 면을 드러내며, 동향인 의식을 초월한 한치의 용서도 없는 처사였다.

문화대혁명 이후에 개혁·개방 노선을 시행한 덩샤오핑의 고향은 쓰촨성〔四川省〕이다. 쓰촨성 사람을 일컬어 중국 속담에 '쓰촨 마적'이라는 말이 있다. 후난성 사람과 마찬가지로 고추와 화쟈오(花椒, 산초나무 열매로 매운맛이 나며, 독특한 향을 낸다)를 좋아하며, 고추를 많이 이용한 쓰촨 요리 마파두부(麻婆豆腐)가 유명하다. 쓰촨성 남부에는 서남 실크로드가 있으며, 옛날 이 지역에는 실크로드를 왕래하는 상인의 재물을 약탈하는 마적이 도당을 조직해 비밀리에

활동했다고 한다.

시간은 흘러, 마적의 후예를 방불케 하는 호걸이 중국 혁명에 참가했다. 마오쩌둥 시대의 군인 중 40%가 쓰촨성 출신이었다. 주더〔朱德〕 장군, 양상쿤〔楊尚昆〕 장군도 쓰촨성 출신이다. 현재도 중국 인민해방군의 주류는 쓰촨성 사람과 산둥성〔山東省〕 사람이라고 한다.

최근까지의 중국 지도자 장쩌민〔江澤民〕 총서기는 장쑤성〔江蘇省〕, 주룽지〔朱鎔基〕 총리는 후난성, 첸치첸〔錢基琛〕 부총리는 상하이시〔上海市〕 출신이다. 세 사람 모두 상하이시대 오랜 당 활동을 기반으로 '상하이 세력'을 형성하여 오늘에 이르고 있다.

장쩌민 총서기는 당 권력을 장악하자, 자신이 키우다시피 한 상하이시 출신 당 간부를 대다수 등용했다.

한편, 1995년 예전부터 정치적 라이벌이었던 베이징〔北京〕 파천시통〔陣希同〕 당중앙정치국원 겸 베이징 시장이 비리사건에 연루되자, 수사 당국에 철저히 추궁할 것을 명해 사실상 실각시켰다. 중국에서는 정적에 대한 가혹한 탄압, 숙청은 역사적으로도 흔한 일이었다.

일본도 권력 투쟁이 다반사로 일어났지만, 그 가혹함에 있어서는 중국과 비교도 되지 않는다. 중국에서는 정변이 일어나면 극단적으로 드러나는 것이 민족·성〔省〕 기질의 차이라고 할 수 있다. 정치의 변화와 경제의 동향에 각 민족과 성 기질·향방·정벌·상벌〔商閥〕 등이 깊이 관련되어 있다. 외국인들은 중국의 이러한 실태

상하이人, 홍콩人, 베이징人

를 충분히 숙지한 후에 중국인과 교류할 필요가 있다.

중국은 올해 장쩌민·주룽지 체제가 매듭을 짓고, 후진타오〔胡錦濤〕현 국가 부주석을 비롯한 젊은 세대에게 권력이 계승되었다. 후진타오는 안후이성〔安徽省〕출신으로 외교 분야에 강한 새로운 지도자로 떠올랐다. 그의 등장으로 중국의 정치 지도, 정벌, 상벌, 향방 등의 대립관계도 크게 변해갈 것이다.

중국은 WTO 가입 후, 2008년에 있을 베이징 올림픽 개최의 성공을 향해, 경이적인 경제 발전 가도를 달리고 있다. 세계의 이목이 거대한 차이나 마켓에 쏠리고 있다. 대 중국 비즈니스를 계획하는 외국 기업들은, 중국의 각 민족 기질·각 성민 기질을 이해, 파악하고 나서 중국 진출을 꾀하는 것이 중요하다. 이 책이 21세기 중국의 실상을 이해하는 실마리가 되길 바란다.

공건〔孔健〕

제 1 장

중국인의
상인정신

중국인들의
상인정신과
그 기질

재물은 만인의 것이다

중국에서는 재물(=돈)은 돌고 도는 것이라고 생각한다. 사람이 있으면 기(氣)가 나오고, 기가 나오면 일이 생긴다. 일이 생기면 돈이 붙는다. 이것이 하나의 순환이 된다.

중국인이 자주 쓰는 말에 "당신은 천국에 가겠는가, 지옥에 가겠는가" 하는 것이 있다. 천국에 가려면 돈으로 여권을 사면 되고, 지옥에 떨어져도 그뿐이라는 말이다.

중국에서는 어려서부터 재물에 관한 감각을 키워준다. 아기가 태어나면 금이나 은 자물쇠를 만들어 아기의 목에 걸어준다. 돈을 몸에 걸치라는 뜻으로 돈에 대한 감각을 익히게 하려는 것이다. 성장하면 새해에 '세뱃돈'을 준다. 동양인들의 보편적인 풍습이지만,

다소 의미의 차이는 있다.

중국인은 기마민족이기 때문에 의지할 수 있는 것은 가족과 친척밖에 없다. 그것 말고는 돈이 전부다. 돈이 없으면 아무 데도 갈 수 없다. 중국인은 24시간 내내 머릿속에 돈 생각만 하는지도 모른다.

이런 이야기가 있다. 어머니는 자신의 딸이 남의 집으로 시집갈 때, 돈 대신 금 · 은 · 동 등으로 귀걸이나 팔찌를 만들어 딸에게 준다. 왜냐하면, 결혼해서 만에 하나 남편이 돈에 쪼들려 재산을 탕진했을 때, 딸이 그것을 팔아 살림에 보태도록 한 어머니의 마음이다.

내게 후쿠시마에 사는 일본인 친구가 있는데, 그는 컴퓨터 폐기물의 부품을 재생하여 동남아시아와 중국 등지에 파는 일을 하는 회사의 사장이다.

어느 날, 중국을 대상으로 컴퓨터 부품 판매에 관한 상담을 하기 위해 대만인 바이어가 그 친구 회사를 방문했다. 당시 그 대만인은 거래를 성립시키는데 필요한 금액 가운데 100만 엔이 부족했다. 그러자 그는 오른손에 차고 있던 롤렉스 시계를 풀더니, "이것으로 부족한 액수를 대신해주십시오"라고 말했다고 한다. 친구는 내게 전화를 걸어 "믿을 만한 사람인가?" 하고 물었다. 그 롤렉스 시계는 시가 250만 엔이나 하는 고급 시계였다.

나는 "중국인 사이에서는 흔히 있는 일이야"라고 친구에게 조언해주었다. 이것은 일종의 '담보'라고 할 수 있다. 그 대만인은 돈 대신 롤렉스 시계를 담보로 제시한 것이다. 그후, 그는 곧바로 돈을 마련하여 거래가 성립되었다고 한다.

중국인은 만약을 대비해 돈을 대신할 만한 물건을 몸에 지니고 다닌다. 이것을 '화차이스(發財樹, 일명 부자나무)'라고 한다. 재물은 천하에 돌고 도는 것, 천하 공존의 것이라는 뜻이다. 이 화차이스는 열대나무로 실내에서 기르는 관상수이다. 중국에서는 복을 비는 물건으로서 친구나 지인에게 선물하기도 한다.

재물은 천하에 돌고 도는 것이기 때문에, 중국인은 공공의 물건은 서로 나눈다. 사람은 누구나 앞일을 장담할 수 없기 때문에, 형편이 어려운 사람이 있으면 분배하는 것이다.

일본인도 '돈은 천하에 돌고 도는 것'이라고 말한다. 이 말도 중국에서 흘러왔겠지만, 일본인의 경우에는 절대로 돌지 않는다. 돈을 벌어도 남에게 말하지 않고, 자신의 주머니에 넣으면 그만이다. 중국에서는 재물은 공공의 것이지만, 일본인의 경우는 재물도 사적인 것이다. 재물에 관한 중국인과 일본인의 사고방식은 여기서 차이가 난다.

사회봉사와 공공성이라는 원칙

중국인의 근본적인 사상으로 '부의 축적=죄악'이라는 사고방식이 있다. '악덕 상인'이라는 말도 중국에서 유래한 말이다. 악이 없으면 돈을 벌 수 없다는 의미다.

또한, 본업에만 충실해서는 절대로 재물을 모을 수 없다. 그러므로, 돈을 번 사람은 반드시 사회공헌이나 사회봉사를 해야 한다. 이것이 중국인의 발상이다. 이것을 '차재면재(借財免災)'라고 하는데, "돈을 이용해 재난을 면한다"는 뜻이다.

예를 들면, 사업으로 천만 엔을 벌었다면 200만 엔을 사회에 기부한다. 또는 벌어들인 이윤으로 병원이나 학교를 세우기도 한다.

홍콩 최고의 사업가 리카싱(李嘉誠)이라는 사람이 있다. 광둥성에서 태어나 대재벌의 총수가 되었다. 부동산, 전력, 항만, 창고, 무역 등의 사업에 성공하여 많은 기업을 거느리며, '리카싱 그룹'을 이룩한 중국의 입지전적인 사람이다. 그는 사업으로 돈을 벌 때마다 대학을 설립한다. 다른 사업가들도 절이나 사당을 건립하는 데 아낌없이 돈을 쓰지만, 리카싱은 대학을 짓는 일로 사회봉사를 하고 있는 것이다.

그는 현재의 중국에 필요한 것은 풍수나 미신이 아니라 '사람'이라고 말한다. 따라서 '인재'를 육성하기 위해 대학을 설립한다고 한다. 최근에는 '중국전국정치협상회의' 상무위원으로 취임하여 화제가 되고 있다.

일본인 사업가로 1997년 중국 진출에 실패한 '야오한' 그룹의 와다 카즈오 씨가 있다. 그는 왜, 홍콩에서 실패했을까. 그것은 중국의 사회봉사라는 원칙을 이해하지 못했기 때문이다.

와다 씨는 중국에서 돈을 벌어도 현지에 봉사하지 않았다. 싱가포르, 상하이, 베이징, 홍콩 등 각지에서 사업을 전개했지만 전혀 기부하지 않았다. 중국에서는 돈을 번 사람이 자선운동 하는 것은 의무라고 생각한다.

현지의 자선단체가 야오한에게 기부를 요청해왔지만, "우리는 기업 조직이기 때문에 안 된다"고 거절했다고 한다.

"악착같이 돈을 벌면서 신문에 광고도 내지 않는다. 저들은 인색하다"라는 비난 섞인 말들이 퍼지기 시작했다. 중국인의 원칙을 무시했기 때문이다. 그리고, 곧바로 "저들은 돈을 쓸 줄 모르는 놈들이다"라는 소문이 나돌았다.

중국인은 돈을 버는 사람이나 기업에게 '점수'를 매기는 습관이 있다. "저 회사는 이만큼 벌었으니까, 이 정도는 기부해야 한다"는 것이 그들의 채점 방식이다. 하지만, 야오한은 전혀 기부하지 않았다.

위기에 몰린 와다 씨의 소식을 듣고, 홍콩의 리카싱은 친분 있는 사업가로서 한때 220억 엔을 지원하기로 했었다. 하지만 와다 씨가 '돈을 쓸 줄 모르는 놈'이라는 평판을 받고 있다는 것을 알고서는 단념했다고 한다.

중국에서는 지역의 복지시설, 공공시설은 모두 기업의 기부금으로 지어진다. 간판은 사회주의라도 본질은 자본주의이다. 중국에 진출하는 기업은 이 원칙을 이해하지 못하면 실패하고 말 것이다. 야오한 그룹의 와다 씨가 그 좋은 예다. 이처럼 사회봉사와 공공성이라는 원칙이 중국에서는 매우 중요하다.

집단행동과 충성심

중국인들에게는 일본인에게서 자주 볼 수 있는 '집단행동'적인 습성은 없다. '개인행동'만 한다고 할 수도 있다. 하지만, 최근의 중국인은 집단행동을 다소나마 이해하는 것 같다. 그것은 "일본인은 기업이든 뭐든 집단행동으로 성공한다"는 판단에서 비롯되었다고 할 수 있을 것이다.

또한, 이른바 회사에 대한 '충성심'에도 그다지 해당 사항이 없다. 반면 부모 자식 관계나, 친족 관계는 중요하게 여긴다. 중국인에게 충성심의 대상은 황제 정도일 것이다.

중국 기업에서 집단행동이 잘 드러난 예가 있다.

미국 MS사의 중국 현지법인인 '차이니즈 MS사'가 일본적 집단행동 방식을 도입해 대성공을 거두고 있다. 중국에 MS사의 연구개발센터가 있는데, 리카이후〔李開厦〕가 소프트 개발의 책임자이다. 그는 미국에서 태어난 중국인이기 때문이다.

그는 연구센터의 5년간 예산으로 8천만 달러를 투입해 연구개발을 추진하고 있다. 그는 이 예산으로 중국 내에서 가장 우수한 박사 연구원을 고용해 기술개발에 전념하도록 했다. 이름하여 '인재 발굴'에 돈을 투자한 것이다. 미국계 기업인데도 불구하고, 그는 중국인을 '일본인화' 시킨 것이다. 그는 "미국인은 민주적이고 자유롭지만 이기적인 면이 있다. 하지만, 회사 조직에는 일본식 집단행동이 요구된다"고 생각하고 있다.

세계에서 가장 성공을 이루고 있는 기업은 일본계 기업이다. 중국인은 일본 기업이 성공한 배경에는 독특한 집단행동이 존재한다고 생각한다. 따라서, 중국에도 그런 습성을 배워 연구에 활용하려고 필사적이다. 그래서 중국의 우수한 인재를 고용해 일본화했다. 즉, 일본인의 좋은 면을 조직에 도입한 것이다.

야오한은 중국에서 실패했지만, 일본의 또다른 기업 '올림푸스'는 성공을 거두고 있다. 현지 사장은 일본인이며, 사원은 모두 중국인이다. 사장은 그들에게 현장을 맡기고 집단행동과 충성심으로 일치단결할 수 있는 환경을 조성한다. 중국인의 경우, 일본인들이 말하는 '충성심=애사심'은 아니지만, '충성심=책임감'으로 이해할 수 있다. 하지만, 일본의 샐러리맨처럼 몸을 바쳐 봉사하지는 않는다. 직장은 직장, 가정은 가정이라고 생각한다. 근무 시간이 끝나면 즉시 퇴근한다. 일본인처럼 퇴근 시간 이후에도 상사나 부하 모두 남아 일한다는 것은 생각할 수도 없는 일이다.

그것은 어떤 면에서 보면 일본인의 집단행동 심리의 단점이 아닐까 생각한다. 현지 책임자가 유사시에 도쿄 본사의 판단 없이는 아무런 결단을 내리지 못하는 우유부단함을 보인다면 중국에서는 나쁜 평판을 받게 된다.

또 이런 일도 있었다. 모기업의 현지 일본인 책임자의 이야기다. 도쿄에서 사장이 왔을 때, 그는 충성심으로 최선을 다해 접대했다. 그에 비해, 자신의 아버지가 찾아왔을 때는 마치 남 대하듯 하는 태도를 보였는데, 이점이 중국인들로서는 이해할 수 없는 일이다. "자기 아버지보다 사장이 중요하단 말인가. 부모를 소중하게 여기지 않는 사람이다"라고 생각하는 것이다. 이러한 회사에 대한 충성심이 중국인에게는 먹히지 않는다. 일본인은 집단행동과 충성심으로, 중국인은 개인행동과 책임감으로 행동한다. 이 차이를 잘 이해해야 한다.

비즈니스에서의 겉치레 인사

중국인에게 있어서 체면은 목숨보다 소중하다.

예전에 중국의 일본계 공장에서 한 사건이 일어났다. 그 기업의 공장에서 중국인 종업원이 항의 자살을 해서 문제가 되었는데, 원인은 일본인 공장장이 사소한 일로 다른 종업원들이 보는 앞에서 그에게 망신을 주었다는 것이다. 공장장은 그 남자에게 '바보 같은 놈'이라고 말했다고 한다.

중국인에게 체면은 목숨보다 소중하기 때문에, 이것은 치명적인 말이었다. 자살한 남자는 유서를 남겼다. "일본인 공장장은 모두가 보는 앞에서 나를 매도하며 망신을 주었다. 나의 선조인 할아버지와 할머니는 저 일본 침략 전쟁에서 일본군에게 살해당했다.

상하이人, 홍콩人, 베이징人

그리고 이번에는 내가 가눌 수 없는 수치심으로 죽을 수밖에 없다. 체면을 살리고 명예를 얻는 길은 죽임을 당하기 전에 자살하는 것이다. 나는 일본인 공장장을 절대 용서하지 않겠다." 이런 내용이었다고 기억한다.

이런 경우, 공장장은 종업원에게 실수가 있었더라도 살짝 불러 "당신의 이러이러한 점이 문제다"라고 주의를 주었어야 했다. 중국인을 다른 사람 앞에서 모욕을 주면 안 된다. 이것이 그 전형적인 예다. 체면이 목숨보다 소중하기 때문에…….

중국인은 예의를 다하는 사람에게는 예를 갖춰 대응하지만, 예의 없는 사람은 용서하지 않는다.

중국인들은 일본인의 치밀함이나 섬세한 배려에 대해서는 좋게 평가한다. 하지만, 아첨은 이해하지 못한다.

예를 들어, 부하가 사장 부인에게 마음에도 없으면서 "사모님은 참 아름다우십니다"라는 인사를 할 때이다.

또, 중국인이 볼 때 일본인에게 부족한 점은 '단도직입적'인 행동이다. 몇년 전이었던가, 중국의 주룽지 총리가 중국을 방문한 일본의 경단련(經團連) 관계자를 회견하지 않은 일이 아사히 신문 등에 크게 게재되었다.

이 일의 경위는 이렇다.

주룽지 총리는 중국 인민 13억 인의 장래를 짊어진 매우 바쁜 정치가이다. 하지만, 과거 일본 재계를 대표하는 경단련 관계자가 중국을 방문했을 때, 오는 사람마다 '날씨' 얘기만 꺼내놓아, 마침

내 주룽지 총리는 일본 경단련 관계자는 앞으로 절대 회견하지 않기로 마음먹었다고 한다. 일본인의 '붙임성'과 '아첨'에 진저리가 났던 것이다. 바쁜 주룽지 총리에게 있어서는 "그날의 날씨나 인사는 아무래도 좋다. 방중한 목적·용건이 무엇인가. 나는 날씨 얘기나 하면서 수다떨 만큼 한가하지 않다"는 것이다.

중국에서는 지금, 정치가나 장관이나 시장이나 모두 일본인 만나기를 꺼려한다고 한다. 왜냐하면, 일본인은 '인사'가 길고 '결단력'이 없기 때문이다. 일본인과 2시간 가량 식사하는 동안, 인사 말만 1시간 걸린다고 한다. 중국인은 곧바로 구체적인 면담에 들어가길 원한다.

예를 들면, 일본의 철강기업과 중국의 행정이 제철공장 건설에 관한 업무 제휴를 했다고 하자. 중국측에서는 현장에서 부장급들의 구체적인 의견이 정해졌기 때문에 조속히 건설사업 계획에 착수하고자 한다. 하지만, 일본측은 전무·상무급들의 '인사 방문'만 이어질 뿐 '계약'에 대해서는 좀처럼 진척을 안 보인다.

"대체, 계약을 결정하는 것은 누구인가. 사장이면 처음부터 사장이 와야지." 하고 생각한다. 중국에서 일을 하려면 '인사 방문'이 아니라 '계약 방문' '현실적 방문'을 해야 한다. 일본인과 중국인이 일을 할 때, '무엇이 가능하고 무엇이 불가능한지' '단도직입적'으로 이야기하는 것이 포인트다.

중국인은 일본인의 '붙임성'이나 '아첨'을 이해하지 못한다.

특종 정보 수집의 위험성

나는 일본에서 유일한 중국정보종합지 〈차이니스 드래곤〉을 발행하고 있다. 중국의 일간지 〈경제일보〉와 계약하여 매주 정보를 제공받고 있으며, 그 중국 정보를 일본어로 번역하여 싣기도 하고, 또 특파원을 현지에 파견하여 하루하루 변해가는 중국 각지의 새로운 정보를 취재하도록 하고 있다.

중국을 상대로 비즈니스를 하려면, 먼저 중국의 새로운 정보를 수집한 후 행동해야 한다. 일본인 기업이나 중국을 방문하는 비즈니스맨, 또는 관리 등도 이 점을 잘 이해하지 못하는 것 같다.

비즈니스로 중국을 방문할 때, 상대측 리더는 누구인지, 이것을 모르고 교섭하는 것은 아주 위험하다. 예를 들면, 종종 일본인은 중국을 방문하여 현지에 새로 부임한 시장 및 관료 등과 대면한다. 이때, 전(前) 시장과 회견했을 때 찍은 기념사진이나 명함을 내밀기도 하는데, 이것은 절대 금물이다. 왜냐하면, 중국인은 "내가 천하다. 과거는 없다. 현재는 나다. 그러니까 내 앞에서 과거 인물 이야기는 하지 말라"는 생각이 강해 매우 불쾌해 하기 때문이다.

실제로 전 시장과 현 시장이 '사이가 좋은지 나쁜지' 알 수 없는 상황에서 이런 행위는 위험하다. 사이가 좋지 않다면, 상대가 불쾌하게 생각하여 비즈니스가 제대로 진행되지 않을 것이다.

그것은 면으로 짜여진 양말이 있다고 해도 실밖에 보이지 않는 것과 같다. 전체의 형태를 나타내는 미묘한 인생의 실을 가늠할 수 없다는 말이다.

이것은 일본인의 중국 정보 수집 방법과도 관련 있다. 일본의 매스컴에서 '특종'이라고 떠드는 정보를 마음대로 수집하여 중국에 끼워맞추는 것은 매우 위험한 일이다.

특히 정치적인 정보를 이런 식으로 수집하여 현지에서 행동하면 곤란하다.

그런 특종 기사를 믿고, 과거에 일본 신문기자가 당국에서 몇 번 체포당하거나 추방당한 일도 있지 않은가. 이것은 중국에서는 스파이 행동으로 보여져 위험하다.

2년 전쯤에 나는 '천안문 사건'으로 실각한 자오쯔양〔趙紫陽〕 전 당총서기의 그후의 동향에 대해서 〈차이니스 드래곤〉에 기사를 게재한 적이 있었다. 그러자, 일본의 〈요미우리 신문〉의 한 정치부 기자가 자신도 자오쯔양과 단독 인터뷰를 하려고, 신문 기사만 가지고 자오쯔양에게 접근을 시도했다.

나는 중국인이기 때문에 가능했지만, 이 점을 요미우리 신문 기자는 착각했던 것이다.

결국, 현지의 신화사〔新華社〕 기자를 이용한 것이 당국에 발각되었다. 이것은 큰 사건으로 불거져, 그에게 이용당한 신화사 기자는 체포되어 5년형을 받았으며, 본인은 국외로 추방당하고 말았다.

이처럼 중국에서는 정치정보 수집을 불온하게 여길 우려가 있어 위험이 따른다. 다른 나라에서는 당연한 '특종' 전쟁이 중국에서는 스파이 행위로 보여질 수 있다는 것을 염두에 두고 행동하는

것이 현명하다. 비즈니스와 무관한 특종 정보의 수집은 중국에서
는 위험하다고 생각하는 것이 좋다.

'걷는다'와 '달린다'의 분명한 차이

한자어의 '걷는다(步)'는 단어는 중국에서는 '달린다'는 의미로 쓰
인다. 같은 한자라도 중국과 일본에서는 이처럼 의미가 다르다는
것을 알아둘 필요가 있다. 지금의 일본인은 중국인의 입장에서 보
면 '달리는' 시대다. 반면, 중국인은 아직 '걷는' 시대라고 할 수
있다.

이를테면, 최근 식물원을 경영하는 한 일본인에게 비즈니스
상담을 받았었다. 이 식물원은 중국에서 꽃을 수입하고자 했다.
그런데 현지 시찰을 가도 좀처럼 이야기가 진전되지 않았다는 것
이다.

그는 "왜 일본에서 가능한 사업이 중국에서는 이루어지지 않
는 것일까요?" 하고 의아해 했다. 하지만, 일본과 달리 중국은 아
직 '식물원'의 수가 적고, 역사적으로 꽃을 이용하는 습관이 없다.
꽃을 이용한다고 해도, 5월 1일 메이데이나 10월 1일 건국 기념일
같은 국가적 행사 때로 한정되어 있다. 관혼상제 등에 이용하는 것
도 그 역사가 10년 정도밖에 안 된다.

그런 의미에서도 중국은 '걷는' 시대이지 '달리는' 시대가 아

니다. 그래서 나는 그 일본인에게 "일본인은 꽃을 매우 좋아하기 때문에, 중국에서 꽃을 수입하는 일은 큰 비즈니스가 될 것입니다. 하지만 서두르지 말고 시간을 두고 일을 진행해 가십시오" 하고 조언해주었다. "묘목이 오랜 시간이 지나야 거목이 되듯이, 지금부터 당신이 5년 정도 예상하고 중국에 꽃씨(수입 비즈니스)를 심으면 됩니다"라고. 어떤 제품을 만들 때도 마찬가지로, 중국인을 설득하려면 그 정도의 시간을 투자해야 한다.

정성을 들인 묘목은 반드시 거목이 된다. 중국인은 '걷는' 시대이기 때문에, 일본인이 그에 보조를 맞춰야 하는 것이다.

1964년 도쿄 올림픽이 열릴 즈음, 일본인은 고도 경제 성장기로 맹렬히 질주하여, 중국인이 따라올 수가 없었다. 하지만 중국은 지금부터 '달리는' 시대다. 왜냐하면, 5년 후에는 베이징 올림픽이 개최되기 때문이다. 당시는 따라올 수 없었지만, 이번에는 중국인이 멈추지 않고 '달릴' 차례. 반드시 일본인을 추월할 것이라고 생각한다.

중국은 매년 봄·가을에 두 번, 광둥성에서 '광저우 무역박람회'를 개최하고 있는데, 그 규모는 실로 엄청나다. 매회 2주 동안 열리며, 세계 각지에서 약 15만 명의 비즈니스맨들이 몰려온다. 중국에서 생산되는 수출 물품 전부가 출품되어 장관을 이룬다. 행사장에서는 서양·중동·아시아·아프리카 등지에서 몰려든 사람들이 '대경쟁시대'를 맞이하여 정보를 교환하고 있다.

그런데 일본인은 "세계의 수준을 확인하는 것은 국내 하루미

무역박람회에서도 충분하다. 중국의 광저우 박람회는 뒤처진다. 볼 만한 것이 없다"고 오해하고 있는 것 같다. 이것은 터무니없는 착각이다. 중국은 이미 '걷는' 시대에서 '달리는' 시대에 돌입하고 있음을 잊지 말아야 한다.

같은 말, 다른 뜻

한자라는 같은 문자의 테두리 안에서 일본인과 중국인은 예부터 다른 어느 민족보다 깊이 교류할 수 있었다. 하지만, 양 민족에게 있어서 가장 친근한 문자인 한자를, 때로는 서로 완전히 이해하지 못한 채 오해를 불러일으키는 경우가 많았다.

예컨대, 일본인이 중국인과 비즈니스상 하나의 계약서를 교환할 때, "중국인은 세계에서 가장 어려운 상대다"라고 말한다. 그것은 왜일까.

일본어에서 쓰이는 한자의 의미와 중국어에서 쓰이는 한자의 어원, 의미, 내용이 완전히 다른 경우가 있기 때문이다. 중국에서 탄생한 한자라는 문자는 그 옛날 일본에 전해졌다. 중국에서 태어난 한자의 일부는 일본의 역사적·문화적 흐름 속에서 미묘하게 변화하여 일본적 언어로 정착한 것이다. 특히 일·중 양 국민이 일상생활에서 많이 사용하는 한자의 경우, '같은 글자'라도 그 의미를 종잡을 수 없는 때가 허다하다. 중국인과 일본인이 한자의 의미를 서로 나름대로 이해하고 해석하여 생긴 오해나 트러블은 의외로 많다.

일본 기업과 중국 기업에서 교환되는 계약서의 경우를 생각해 보자. 대부분의 중국인은 일본 기업의 계약서에 쓰여진 내용을 보고 놀라며, 동시에 화를 낸다. 일본의 계약서에는 대개 거래계약에 관한 법률적인 기준이 기재되어 있어, 만에 하나 계약 위반을 했을 경우 계약을 파기하는데 따른 권리, 재판 절차, 배상금과 그 외 여러 법률적인 단어가 주를 이룬다.

일본식 계약서를 보고 중국인은 이렇게 생각한다.

"왜, 일본인은 거래에 관해 이렇게까지 세밀하게 계약서에 집어넣는가. 이 거래는 서로의 우호 합작이니까 처음에는 대략적인 합의 사항이면 충분하지 않은가."

중국인의 입장에서 보면, 일본의 계약서에 사용되는 법률 내용이나 규정은 상대를 전혀 신뢰하지 않고 의심하는 표현인 것이다.

중국인에게 있어서 '계약'이란, 처음에는 '합의서'로 시작하여 그 다음에 '각서', 최종 단계에서 '계약서'가 성립된다. 따라서, 양쪽을 옭아매는 듯한 계약서를 내밀면, 평소에 사용하는 중국어 한자식으로 직감적으로 이해하여, 매우 까다롭다고 판단한다. 그 시점에서 거래 계약을 '파기'하고 싶은 생각까지 드는 것이다.

또한, 일본인과 중국인 사이에는 '같은 말, 다른 뜻'의 오해도 많다.

까다로운 '계약서'와는 또 다르게, 일본인 공무원이나 샐러리맨이 평소 사용하는 "적극적으로 검토하겠습니다" 혹은 "잘 부탁합니다"라는 말이 있다. 이것은 중국인에게는 교활한 말이다. 일본인에게 있어서 '적극적으로 검토하겠습니다'는, 그 자리를 피하려는 '책임회피'로 사용된다. '잘 부탁합니다'는 인사 대신 쓰이는 말이다. 하지만, 중국인에게 있어서는 "상대는 적극적으로 검토하겠다고 했다. 실제로 그렇게 실행할 것이다"로 받아들인다.

나도 일본어의 '같은 말, 다른 뜻' 문제로 인해 분별 없는 일본인에게 속아 고민한 경험이 있다.

우리 가문은 중국의 유교를 창설한 공자의 후손이다. 또한, 현재 나는 공자 제75대 손으로 그 정통적인 계보를 계승하고 있다. 그 때문에 어려서부터 배운 〈논어〉를 지금까지 수십번이나 읽어 애착이 깊다. 일본인에게도 친숙한 〈논어〉가 더욱 많은 사람에게 사랑받길 원하는 마음에, 몇 년 전에 세계 최초로 일·중·영 번역 〈논어〉를 발행하기도 했다.

어느 날, 일본 양복제조회사의 간부의 말을 믿었다가 '같은 말, 다른 뜻' 때문에 낭패를 본 적이 있다. 그 기업의 부장은 내게 이런 말을 했다.

"공건 씨, 논어는 정말 심오해요. 나도 옛날 학창시절에는 매우 심취했었지요. 인생의 지침서이며 철학서라고 할 수 있죠. 그래요, 이번에 우리 회사에 도움을 준 거래관계자에게 선물을 할 예정인데, 이 〈논어〉를 2천 권 정도 잘 부탁합니다."

나는 상대의 말을 믿고 2천 부를 찍었다. 그리고, 그 중 200부를 먼저 그 회사에 보냈다. 그러자, 그 부장은 "공건 씨, 얼마 전에 말한 〈논어〉 말인데요. 사실, 아직 회사에서 검토중입니다" 하는 것이었다. 일본인과 중국인의 '같은 말, 다른 뜻'의 차이를 실감한 순간이었다.

상상력과 창의력 넘치는 중국 문자

중국 문자에는 상상력과 창조력이 있다. 나는 취미로 서예를 즐기는데, 얼마 전, 시마네현에서 사업가로 활약하고 있는 고마쓰 아키오 씨에게 '기인기상(奇人奇想)'이라고 쓴 글을 선물했더니 매우 기뻐했다. 그는 대기업 사장으로서 정렬적으로 일하는 아이디어맨이다.

사물에 대한 발상과 관찰력이 다른 사람과 전혀 달라, 나는 그의 그런 행동력을 높이 평가하는 의미에서 '기인기상'이라고 써서 선물한 것이다.

"정말 내 성격과 딱 들어맞는군요. 감사합니다" 하고 그는 말했다.

나는 오랫동안 일본에 머물면서, 각지에서 강연을 하거나 행사에 참가하여 일본인과 접할 기회가 많았다. 그때, 글을 써달라는 부탁을 받으면, 상대의 얼굴을 자세히 보고 '인(仁)' '지(知)' '창(創)'

이라고 써준다.

사람의 얼굴은 그 사람의 성격이나 지성·교양을 나타내고 있다. 중국 문자에는 이를 한 마디로 표현할 수 있는 무한한 상상력과 창조력이 있다.

언젠가 어느 도시의 시장에게 '부동(不動)'이라는 글을 써서 선물했다. 하지만, 그는 썩 달가워하지 않는 눈치였다. 그는 매우 바쁜 사람이지만 '마음이 흔들리지 않는 듯'한 느낌을 받아 '부동'이라는 글을 선물한 것이다. 하지만 그가 말하기를,

"나는 바쁜 사람입니다. 이렇게 '움직이지 않는다'는 말은 맞지 않지요."
라고 엉뚱하게 이해한 것이다.

문자에 대한 해석방법도 가지가지다.

또 중국에 진출한 일본 기업에서 이런 일이 있었다. 회사 이름에 '고(尻, 꽁무니)'자가 붙는 안경제조회사였는데, 이것이 중국에서 상당한 반발을 일으켰다. 왜냐하면, 그 상품명에 붙은 '고' 자는 중국인에게는 멸시의 말에 해당하기 때문이었다. "안경을 꽁무니에 달고 다니라는 말인가" 하고.

중국어에서 '尻'는 천하고 외설스런 말로 '남자의 거기' 즉 '성기'를 가리키는 의미가 포함되어 있다.

나는 일본에 와서 중국 문자의 상상력과 창조력에 놀란 경험이 많다. 모 종교단체의 모임에 초청되어 갔을 때의 일이다.

그 회의장의 이름이 '태평(太平)의 방'이었다. 가끔 일본의 호텔

같은 데서 관혼상제나 기념식으로 이용되는 방에서 이 이름을 발견하곤 했다. 중국에서 '태평의 방'이라고 하면 사람이 죽은 후에 사체를 안치하는 '영안실'에서나 쓰는 말이다. 같은 한자면서도 서로 사용되는 의미의 차이에 매우 놀랐다.

앞으로, 일본 기업이 중국에 진출할 때, 중국 문자의 상상력과 창조력을 활용하는 데 주의하지 않으면 안 된다. 이를테면, 중국에서 영어의 JUST는 '좋은 스피드'라는 뜻이다.

몇 년 전, 일본의 가전회사 마쓰시타전기가 세탁기를 중국명으로 '애처호(愛妻号)'라고 지어 발매했는데, 중국 주부들에게 큰 인기를 얻어 현지에서 대히트 상품이 되었다. 이처럼 중국 문자에는 사람의 마음을 움직이는 상상력과 창조력이 있다. "로마에 가면 로마법을 따른다"고 했던가. 일본 기업도 중국에서 상품 브랜드를 지을 때, 중국 문자의 상상력과 창조력을 염두에 둘 필요가 있다.

동상이몽의 경제정책

'동상이몽(同床異夢)'이라고 하면, 홍콩, 마카오, 중국 대륙의 관계가 떠오른다. 이 세 곳이 바로 동상이몽의 경제 체제를 유지하고 있다. 홍콩·마카오의 중국 반환 이후 '1국가 2체제'를 실현하며 오늘에 이르고 있다. 이름하여 '홍콩의 중국화'와 '중국의 홍콩화'가 진행되고 있는 것이다.

상하이人, 홍콩人, 베이징人

'1국가 2체제'란 중국에서만 가능한 일로써 일본에서는 생각할 수 없다. 그 예로, 일본도 30년 전 미국령으로 있던 오키나와를 반환 받았는데, 만일 오키나와에 '1국가 2체제'를 실현해왔다면 오키나와는 더욱 개방될 수 있지 않았을까 생각한다. 현재의 오키나와는 경제적으로 죽은 도시나 다름없기 때문이다.

　　일·중 비즈니스에서 일본 기업의 잘못된 점은, 중국에 진출한 기업 대부분이 '총대리점'을 대륙인 베이징·상하이가 아니라 홍콩에 두고 있다는 것이다. 이 일에 대해 중국 대륙측에서는 "왜, 일본 기업은 베이징·상하이에 총대리점을 두지 않는가" 하고 반발하고 있다.

　　홍콩은 '1국가 2체제'지만, 중국 대륙의 본심은 홍콩 상인이 돈을 번다는 사실이 배 아픈 것이다. 홍콩 상인도 마찬가지다.

　　전에 이런 이야기가 있었다. 중국 정부 위생부가 약품을 개발해, 그 약품의 일본 판매에 대해 모 일본 기업에 협력을 요청했다. 그런데, 일본 기업은 "우리 회사는 홍콩에 총대리점이 있기 때문에, 이 이야기는 홍콩을 통해 전달받고 싶다"고 대응했다.

　　중국에서는 홍콩을 신뢰하지 않는다. 왜냐하면, 홍콩 시세와 중국 시세는 전혀 다르기 때문이다. 달러 시세에서도 미 달러 10달러가 홍콩에서는 20달러가 된다. 그뿐만 아니라, 과거 다양한 거래에서 홍콩 상인과 일본 기업이 결탁하여, 중국 대륙을 속인 적이 몇 번이나 있었기 때문에, 중국은 홍콩 상인에게 반발심을 갖고 있는 것이다.

나는 산둥성〔山東省〕 칭다오시〔青島市〕에서 태어나, 현재 칭다
오시 인민정부의 일본—칭다오 경제무역촉진센터의 대표를 맡고
있다. 일본 기업의 현지 유치와 칭다오 특산물 등의 비즈니스 건으
로 각 기업과 수차례 접할 기회가 있었다.

하지만 대부분의 기업이 "그 건에 대해서는 홍콩 총대리점을
통해 달라"는 말뿐이었다.

그렇게 되면 도쿄에 사는 내가, '중국 산둥성 칭다오의 비즈
니스 건'을 가지고 도쿄—홍콩—칭다오 사이를 몇 차례나 왕복해
야만 한다. 이처럼 어리석은 일도 없을 것이다.

일본의 합성유지기업인 T사도 홍콩과 베이징에 중국 지사를
두고 있다. 하지만, 중국측과의 직접 거래가 필요한 경우 '홍콩 총
대리점'을 통하지 않으면 교섭이 이루어지지 않는다. "홍콩 총대리
점은 마치 터널과 같다. 베이징 지사는 아무 소용이 없다"고 중국
측은 반발하고 있다.

앞으로, 기업들은 홍콩에만 눈을 돌릴 것이 아니라, 대륙에서
경제 발전을 보이고 있는 베이징·상하이·광저우 등에 총대리점
을 두고, 중국 비즈니스를 전개해야 한다.

세계 비즈니스의 눈은 베이징·상하이·광저우로 향하고 있
다. 구태의연한 '동상이몽' 식의 중국 비즈니스를 전개하다간 자칫
기회를 놓치고 만다.

상하이人, 홍콩人, 베이징人

끝없는 자본주의의 길

문화대혁명 이전, 중국 경제의 장래에 대해서 덩샤오핑은 "흰 고양이든 검은 고양이든 쥐를 잘 잡는 고양이가 좋은 고양이다"라는, 흑묘백묘(黑猫白猫)론을 편 적이 있다.

이에 관련해 중국인의 입장에서 볼 때, 소련의 붕괴 후, 러시아는 왜 경제적으로 실패했을까.

1917년 러시아 혁명 후, 러시아 국민에게 있어서 '사회주의'는 마음의 의지처였다. 하지만, 소비에트 연방 붕괴후의 러시아 정부는 국민의 심정을 이해하지 못하고, 안이하게 서구 자본주의를 도입하고 말았다.

제2차 세계대전 후에 사회주의국가로 접어든 중국은 러시아와 다소 다른 면이 있다. 중국은 표면적으로는 사회주의 국가지만 안으로는 예부터 자본주의였다.

러시아 국민은 사회주의라는 이념에 의지하며 전체주의에 구속되어 성립한 국민성이다. 반면 중국은 원래 명·청시대부터 자본주의였다. 중국인의 개개인이 한 마리 늑대와 같다. 그런데, 러시아인은 문자 그대로 사회주의가 '생명'이었기 때문에, 이것이 붕괴되자 개개인은 아무것도 하지 못하고 보드카를 마시며 취하는 일이 전부였다. 국민에게 남은 것은 허탈감, 무력감뿐이었다. 중국인과 러시아인의 사회주의에는 '원칙과 본질'에 이런 차이가 있다는 것을 아마 일본인은 이해하기 어려울 것이다.

오랜 세월 러시아는 공업사회주의였기 때문에, 공장 생산이 정지되면 끝이다. 식량도 나라에서 배급받았다. 다섯 명의 러시아인이 있으면 그 다섯 명 모두 식량 배급만 기다리고 있을 뿐이며, 만일 식량 배급이 끊기면 러시아인은 자살할 수밖에 없다.

같은 상황에서 중국인이 다섯 명 있다면, 그들 다섯 명은 모두 다르다. 친척에게 의지하는 사람, 아니면 친구에게 부탁하는 사람, 혹은 스스로 자립의 길을 모색하는 사람 등등. 이것이 러시아인과 다른 점이다.

중국은 농업사회주의로 인구 13억 가운데 농민이 9억 명에 이른다. 러시아는 소비에트 연방 시대의 인구 약 3억에서, 러시아 공화국이 되자 약 1억5천 명으로 줄었다. 노동자 국가로 노동자가 80%, 농민이 20%다. 중국과는 완전히 반대 현상을 보인다.

러시아인=노동자 자본주의=계획경제이다. 한편, 중국인=농민 자본주의=시장경제이다. 러시아의 계획경제는 기획·통제에 의해 모든 것이 정해진다. 예를 들면, 카세트라디오를 생산한다고 했을 때 소비자가 구입하지 않으면 그것으로 모든 생산이 중지된다. 팔리지 않으면 노동자의 식량이 될 수 없다는 논리다.

중국의 시장경제는 농민 자본주의기 때문에, 모든 것을 밭에서 계산하는 습관에 익숙해 있다. 원시적인 자본 원리라고 생각할 수 있겠지만, 시장의 요구에 맞게 생산하고 효율성도 높다. 식량 문제에 있어서도 러시아처럼 국민을 불안에 빠뜨리는 일은 거의 없다. 중국인에게는 사회주의나 자본주의나 관계없는 것이다.

확실히 현대 중국의 대부분의 농민은, 정치든 문화든 아무것도 이해하지 못하는지도 모른다. 하지만, 자신들의 생활이 풍요롭고 행복해지기 위한 원동력은 지니고 있다. 바로 "흰 고양이든 검은 고양이든 쥐를 잘 잡는 고양이가 좋은 고양이다"라는 생활방식이다.

이처럼 중국인은 원칙과 본질은 조금 다를지 모르지만, 끝없이 '자본주의의 길'을 향해 매진하고 있다.

신용 제일의
중국 상술

개인의 신용과 기업의 신용

중국에서는 상거래에서 개인의 신용이 법률적으로 정비되어 있지 않고, 신용카드 제도 또한 보급이 안 된 상태이다. 현재 있는 것은 기업간의 신용거래뿐이다.

개인 정보도 네트워크화 되어 있지 않아, 개인의 신용거래 전체를 파악하기에는 역부족이다. 가짜 신분증이 판을 치고 있어 사기 사건도 빈번하게 일어나는 등, 개인의 신용을 전제로 한 크레디트 제도의 확립은 많이 낙후되어 있다.

그러나 개인의 신용을 증명하는 대신, 중국인이 개인적으로 상거래에 이용하는 것이 '친구' 관계이다. 친구·지인의 보증에 의한 신용으로 상대에게 돈을 빌리거나 물건을 구매하는 관습이 있

상하이人, 홍콩人, 베이징人

다. 그래도 속는 경우가 많아, 중국에서는 "돈을 제때에 갚지 않는 사람은 신용하지 않는다"며 경계의 대상이 된다.

최근, 베이징 시내에는 기업간의 신용거래를 위해 요주의 기업을 기록한 블랙리스트가 작성되어, 과거에 신용거래에서 부정이나 사기행위를 저지른 기업을 즉석에서 판별할 수 있는 시스템이 선을 보였다. 이 블랙리스트에 오른 요주의 기업은 앞으로 3년 정도 후에는 전국적으로 체크할 수 있는 단계에 이른다고 한다.

현지의 신용거래에서 일본 기업이 고민하는 것이, 상품을 팔아도 이익이 되지 않는 경우가 있다는 것이다. 특히 대경쟁 시대에 돌입한 가전업계에 그러한 경향이 강하다. 치열한 경쟁에서 살아남기 위해, 각 가전업체는 '전자레인지 1엔, 특가 판매' 등을 전개하며 출혈 서비스를 벌이기도 한다.

'전자레인지 1엔. 대형TV 100엔. 모두 20대 한정!'이라는 광고에 이른 아침부터 5만 명 이상 몰려들어 부상자가 속출했다. 그 때문에 일본계 가전업체는 상품이 팔려도 실질적인 소득도 없이 한숨만 내쉬었다고 한다.

현지에서 일본 기업이 무리 없이 신용거래를 하려면, 버젓한 유통 시스템을 갖춘 중국 기업과 제휴하는 수밖에 달리 방법이 없을 듯하다.

중국도 바야흐로 각 기업간 대경쟁 시대에 돌입해, 일본과 마찬가지로 기업내의 구조조정이 진행되고 있다. 중국에서 '책임을 진다'는 것은 '물러난다'는 뜻이다. 중국인 노동자 열 명 가운데 6.6명이 자택 대기중이라고 생각하면 된다. 중국인들은 부부가 맞벌이를 하는 경우가 많은데, 10인 가족을 부부가 공동 부양하는 가정은 아직도 흔하게 볼 수 있다.

앞으로, 일본 기업이 현지에서 공장 등을 설립하는 경우에는, 고용관계, 업무내용, 근무규정, 임금규정, 복리후생 등에 대한 명확한 사규를 만들 필요가 있다. 고용할 때 '책임'을 명확히 하지 않으면 나중에 곤란해질 수 있기 때문이다.

중국은 혈연관계가 강한 사회라고 할 수 있다. 이 점을 가볍게 여기면 일본 기업에게 걸림돌이 될 우려가 있다. 피고용자의 혈연관계를 믿고 고용하는 일은 절대로 피해야 한다.

공장 노동자를 고용할 때도 일본식으로 신문광고 등을 이용한 공개모집이 무난하다. 중국에서 친구나 지인, 혈연관계를 믿고 고용하게 되면, 만에 하나 '책임'의 소재가 불분명해질 수 있다.

이런 이야기가 있다. 내 친구가 전에 고향인 산둥성 칭다오시에서 아는 여성과 공동출자하여 의류공장을 설립한 적이 있었다. 당시, 공동 경영자의 친언니를 공장장으로 발탁했는데, 그것은 공동 경영자를 믿었기 때문이다. 그 공장에서는 중국내에서 브랜드 상품으로 정평 있는 제품을 생산했다.

그런데, 그 공장장은 형편없는 엉터리였다. 어느 날, 백화점에서 신사복 100벌 주문이 들어왔는데, 공장장은 같은 소재를 이용해 신사복을 200벌 제조하여, 아무렇지도 않게 100벌을 빼돌려, 시장에 내다 판 것이다. 사건이 발각되어 공장장을 곧바로 해고했지만, 그 사건으로 공동 경영자와 내 친구의 관계까지 금이 가게 되었다. 중국에서는 혈연관계의 고용에 충분히 주의할 필요가 있다.

중국은 전세계 유명 브랜드의 공장이라 불리고 있다. 시계, 가방, 신사복, 부인복, 화장품 등의 made in Chaina 제품이 세계 시장에 나돌고 있다.

메이드 인 차이나에 따른 문제라면, 유명 브랜드 제품과 유사한 가짜가 빈번히 속출해 화제가 되고 있다는 점이다. 진품과 흡사한 조잡한 모조품이 대량으로 생산되고 있는 것도 사실이지만, 실태는 이렇다. 전에 내가 경험한 바에 의하면, 진품을 생산하는 공장에서 진품과 같은 소재, 같은 디자인의 제품을 직접 제작해 세계 시장에 내놓는 경우가 대부분이다. 게다가 시장 가격은 정식 루트의 3분의 1 수준밖에 안 된다.

세계의 유명 브랜드 발주 기업은 가짜가 만들어지는 과정을 잘 알고 있지만, 정식 유통경로를 통과한 진품의 고가 판매로도 충분히 이득을 보고 있기 때문에, 모조품이 대량으로 나돌아도 모른 척하고 있는 것이다. 중국 비즈니스에서는 누가 어떻게 '책임'을 지는가가 중요한 포인트가 된다.

구두 약속도 소중히 하는 중국 상인

나도 과거에 다양한 일본인과 비즈니스 세계에서 교류해왔지만, 구두로만 약속하는 사람이 적지 않다. 예를 들어, 중국 제품을 거래하는 경우, 상대가 상품 샘플을 원해 현지에서 주문해 상대에게 건넨 적이 있었다.

그후, 아무런 연락도 없어서 며칠이 지나 문의해보았더니 "그건은 아직 검토중입니다" 하고 냉담한 반응을 보였다.

더 심한 경우는 중국 진출을 계획하고 있던 모 일본 기업의 사장 이야기다. 현지 기업과 업무상 제휴를 원한다며 소개를 부탁해왔다. 나도 매우 바쁜 때라 시간을 할애해 중국행에 동행하여 그 사장을 상대에게 소개한 적이 있었다. 최초의 상담 자리에서 상대와 의견이 잘 맞았고, 일본 자동차가 화제에 올랐다.

그러자 사장은 "일본에서 차는 그렇게 고가품이 아니기 때문에, 석 대 드리겠습니다. 편하게 이용하십시오. 귀국 후에 곧바로 조치하겠습니다" 하며 시원시원하게 말했다.

중국 관계자는 도요타, 닛산 등 일본차의 우수성을 잘 알고 있기 때문에, 처음 대면에서 일본차 석 대를 기증 받는다는 사실에 매우 기뻐했다.

이윽고 귀국한 지 일주일, 한 달이 지났다. 중국측은 그 일본 기업 사장의 말을 믿고, 석 대의 차가 도착하기만을 기다리고 있었다. 그후, 사장에게서 아무 연락도 없는 것에 화가 나, 나에게 전화를 걸어왔다.

"그때, 사장은 차 석 대를 기증한다고 했는데, 공건 씨도 옆에서 들으셨죠? 도대체 어찌된 일인지 확인하고 싶은데요" 했다.

어쩔 수 없이 내가 대신 그 사장에게 연락을 했다. 그러자, "아아, 차 얘기요, 그건 일이 성공리에 마무리되고 난 후의 일이지요. 상담도 다 이루어지지 않았는데 그런 무모한 말은 말아주세요" 하며 쌀쌀맞게 대답했다. 그저 화가 날 뿐이었다. 나는 그대로 현지에 전했고, 중국측은 노발대발하며, 그후의 업무제휴 상담은 더 이상 이루어지지 않고 끝나버렸다.

또한, 일본에서 사회적으로 인정받고 있는 모 종교인은 중국에서 포교활동을 할 때 안이한 구두 약속을 해서 비난받은 일이 있었다. 그 종교인은 중국 각지를 순회할 때, 많은 관계자의 도움을 받았다. 그 보답으로 "내가 책임자로 있는 5년 간, 여기에 매년 천만 엔씩 기부하겠습니다" 하고 약속했다. 처음 1년은 분명히 천만 엔을 기부했다고 한다.

하지만 2년째부터는 소식이 없었다. 중국인과 달리 일본인에게는 이런 구두약속이 지나치게 많다. 일본인들 간의 비즈니스 세계에서는 술자리에서 안이한 구두약속이 빈번하게 오간다. 말장난이라고 밖에는 볼 수 없을 정도이다.

"그것은 술자리에서 한 얘기니까……" 하고 말하면 그만이다. 하지만 중국인은 원칙을 중시하고, 말을 소중하게 여기는 민족이기 때문에, 일본인의 구두약속을 이해하지 못한다. 중국을 상대로 하는 비즈니스에서는 안이한 구두약속은 절대 금물이다.

상담을 유리하게 이끄는 테크닉

일본인은 정계에서나 비즈니스 세계에서나 사전 교섭을 자주 한다. 서로 일을 잘 처리하기 위해, 사전에 내용을 알려주어 준비에 만전을 기한다. 이른바 '계획안'이다. 기업의 정례회의 과제도 대부분 사전 교섭이 이루어져 있다.

일본인은 회의를 좋아한다. 계획·교섭에 의해 사전에 미리 일의 방향을 결정해두고, 회의석에서는 만장일치만 얻어낼 뿐이다. 의견이 척척 통과하는 것을 좋아하는 국민이다.

이 '계획·교섭'과는 다소 차이가 있긴 해도, 중국인의 '분위기 만들기와 접대'가 이와 비슷하다고 할 수 있다. 중국인은 상담시 분위기 만들기와 접대를 중요하게 여긴다.

그것은 사전 교섭이 아니라, 당사자끼리 처음 대면할 때 직접 현장에서 이루어지는 것이다. 상대의 명예를 중시하여 최대한의 접대를 행한다. 가령 중국 비즈니스를 위해 일본인이 중국을 방문했을 때, 현지에서 할 수 있는 최고급의 대접을 한다. 숙박시설에서 요리에 이르기까지 세심하게 배려한다. 이 모두가 상대가 기분 좋게 상담에 응하도록 하기 위한 분위기 만들기라 하겠다.

이것이 일본인의 경우와는 다르다. 사전 교섭·계획을 통해

상하이人, 홍콩人, 베이징人

접대에 관한 예산, 숙박시설, 방 개수, 요리사 섭외 등이 전부 결정되며, 도중에 변경되는 일은 거의 없다. 일본을 상대로 한 비즈니스에서 중국측 관련자가 방일했을 때, 교섭 상대가 사장이든 평사원이든 이미 사전에 접대 예산이 정해져 있어 변경되는 일이 없다.

만에 하나 비즈니스 교섭의 최종 결정권을 지닌 사장이 방문했을 때, 일본 샐러리맨이 출장시 이용하는 수준의 호텔에서, 접대 장소도 선술집 정도이고 요리 내용도 빈약하다면 어떻게 될까. 중국인은 상대의 접대에 민감하다. 자신이 상대에게 중요하지 않은 듯한 분위기를 느끼면 불쾌하게 여겨 그 상담은 이루어지지 않는다. 중국인의 경우, 상담은 분위기 만들기에서부터 시작된다고 할 수 있다.

전에, 칭다오 시내의 항만건설 사업이 외자기업에 낙찰된 적이 있었다. 시 당국이 건설계획에 지명한 외자기업은 일본, 영국, 독일이었다. 칭다오시 당국은 처음부터 기술적으로도 일본 기업을 높이 평가하고 있었다.

해당 일본 기업도 당연히 자신들이 이 일을 맡을 것이라고 장담하고 있었다. 하지만, 최종적으로 지명된 것은 기술력이 일본에 뒤지는 독일이었다. 그것은 왜일까.

그 일본 기업은, 상거래에서 분위기나 접대를 중시하는 중국인의 미묘한 심리를 읽지 못했던 것이다. 반면, 독일 기업의 접대는 중국인의 마음을 감동시켰다고 할 수 있다.

이 이야기에는 후일담이 있었다. 독일 기업측은 일본인의 교섭 · 계획을 상회하는 규모로 칭다오시 당국 관계자에게 밤낮 없이 접대 공세를 펼쳐, 분위기 만들기에 성공했다고 한다. 결국에는 시 관계자에게 이득을 남겨주겠다는 약속을 했다는 소문까지 나돌았다. 진위는 알 수 없지만, 어쨌든 중국인이 상거래에서 분위기 만들기를 중시한다는 것은 분명하다.

'이(利)'와 '의(義)'의 균형 감각

"자 왈, 이(利)에 치우치면 원망이 많다."

공자의 〈논어〉 가운데 한 귀절이다. 인간이 이득만 생각하여 아득바득 타산적으로 행동하면, 결국에는 주위 사람이 질려 미움받고, 그 결과, 반드시 많은 원한을 산다는 말이다. 그러므로 지나치게 타산적으로 행동하지 말라는 뜻이다.

기업인들이 중국과의 비즈니스에서 실패할 때, 이 공자의 말이 떠오른다. 일본인은 처음부터 '일확천금'을 노리는 경우가 많다.

예를 들면, 일본 기업이 현지에서 천만 엔의 투자사업을 이루었다고 하자. 그러면, 일본인은 중국측에 "향후 3년 이내에 매년 500만 엔의 이윤을 올릴 수 있도록 노력해주길 바란다"고 요구하게 된다. 중국인은 일본인의 이런 성급한 태도를 못마땅하게 여긴다.

중국인은 '이익'과 '신의' 두 가지가 있는 경우, 먼저 '신의'

를 선택한다. 그리고 이렇게 생각한다. "이번에 일본인과 인연이 있어 교류하고, 일본인의 호의로 천만 엔의 투자를 받았으므로, 의를 생각해 우호관계를 성립하고, 함께 일을 추진하고자 생각하고 있다. 따라서 3년 안에 이윤을 올리라고 말할 게 아니라, 적어도 10년 정도는 기다려야 하지 않나" 하고.

중국인은 '신의'를 통해 '이익'을 얻으려 하기 때문에, 10년 정도의 시간을 들여 판단하는 것이다. 반면 일본인에게는 '이익'은 있지만 '신의'가 없는 것 같다. 단기간에 걸쳐 조급하게 결과를 얻으려는 경향이 있다. 당사자의 머릿속은 '이익'만 가득하여, 이윤만을 추구할 뿐이다. 중국인도 '이익'을 생각하지만, '신의'와의 균형을 따져 행동한다.

중국 광둥성 선전(深圳)에 진출한 일본의 광학제품개발 기업의 이야기다. 그 기업은 이전에 현지에 종업원 수 2만 명 규모를 자랑하는 큰 공장을 건설했다고 한다. 그리고, 공장 노동자의 대부분이 현지의 여성 노동자였다. 현지에서는 2만 명 규모의 고용에 대해, 처음에는 그 일본 기업에게 고마워했다. 하지만, 일하기를 원하는 그 지역 여성 노동자들의 불평을 샀다. 그 이유는 무엇이었을까. 여성 종업원의 고용 조건이 '안경 착용자 채용 불가'였기 때문이다.

광학제품을 생산하기 때문에, 공장 작업에서 시력을 중시하는 것은 이해할 수 있다. 하지만, 시력을 보호하기 위해 특수 안경을 착용하기 때문에, 안경을 쓴 여성도 일반 노동작업을 충분히 해낼

수 있다. 그러나, 고용 조건은 끝까지 '안경 착용자는 채용 불가'
였다.

현지에서 볼 때 일본기업의 태도는 '이익'만 있고 '신의'는 없
다고 여겨졌다. 눈앞의 이윤 추구를 위해, 걸림돌이 된다고 판단한
것을 재빠르게 배제한 것이다. 그것이 '안경 착용자 채용 불가'로
나타났다. 모처럼 현지에서 2만 명 고용이라는 '신의'를 보이고서
는 '이익'을 먼저 내세운 결과, 현지 중국인, 그것도 고용 대상인 여
성들의 불평을 사고 말았다. 이렇게 되면 '신의'도 아무 소용이 없
다. 일본인은 '이익'과 '신의'의 균형을 깊이 고려할 필요가 있다.

중국 시장의 전망

현재, 중국은 WTO 가입과 2008년 베이징 올림픽 개최를 맞아, 경
제적으로도 급성장하고 있다. 최근 몇 년간 경제성장률도 7%를 유
지하고 있다. 분명 베이징 올림픽 때까지 이 성장 추세로 돌진할
것이다.

현재의 중국에는, 1964년 도쿄 올림픽 개최 당시 전후의 일본
과, 1988년 서울 올림픽 개최 당시 고도경제성장 노선을 달린 한
국과 마찬가지로 혹은 그 이상으로 기세가 넘쳐나는 듯하다.

국민의 저축률도 2001년에는 약 1조 달러에 이르렀다. 이것
은 세계에서 세 번째의 저축률이다. 세계가 차이나 마켓에 큰 기대

를 보이는 배경에는 이러한 수치에 근거하는 것이다.

중국의 인구 13억 가운데, 현재 연간총소득 2000만 엔 이상을 자랑하는 중국인이 약 6500만 명이나 존재한다. 중국의 부유층이 일본 인구의 절반 이상이나 존재한다는 사실은 경이적인 일이다.

앞으로, 중국이 7%의 경제성장률을 유지하고, 경제발전에 따라 연소득 2000만 엔 이상을 자랑하는 고소득자가 2배로 늘어나면, 현재의 일본 총인구를 넘게 된다. 굉장한 일이다.

일본에도 억만장자가 몇 천 명 존재하는 것은 사실이다. 하지만, 장기간의 불황과 기업내 구조조정 바람이 몰아치는 현재의 상황 아래에서, 대부분의 샐러리맨 노동자는 경제적으로 어려움을 호소하고 있다. 총인구 1억 2천만 명 가운데, 연간소득액 2000만 엔 이상을 자랑하는 사람은 겨우 10%에 불과하다.

일본은 세계 제일의 기술 입국으로 지금까지 성장해왔다. 현재, 침체기에 있다고는 해도, 나는 일본이 잠재적인 첨단기술력을 무기로 얼마든지 반전할 수 있다고 생각한다.

부유층이 6500만 명이나 존재하는, 이러한 중국인의 마음을 움직여서, 중국인이 보통 말하는 '돈을 돌게 할' 기회는 수없이 많다. 이웃나라 중국, 차이나 마켓이야말로, 비즈니스의 기회와 전망을 보여준다고 확신한다. 일본인의 첨단기술력을 살려 중국 진출을 꾀하는 것은 어떨까, 지금 묻고 있는 것이다.

제 2 장

지역별
상담(商談) 테크닉①
―대도시 편

상하이人, 홍콩人, 베이징人

베이징시

─13억 인민을 지배하는 정치의 중심

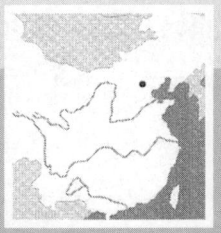

면적 1만6800km²

인구 1382만 명

중요점 한족의 영화를 자랑하는 도시

올림픽 유치로 승승장구하는 대도시

베이징시는 중국의 정치 · 문화 · 교육 · 교통의 중심지로, 상하이에 이어 중국 제2의 경제도시기도 하다. 그 역사는 약 50만 년 전 구석기시대로 거슬러 올라가는데, 팡산구〔房山區〕 저우커우뎬〔周口店〕에서 베이징 원인이 생활했던 사실이, 발굴된 유적 · 인골 등으로써 증명되었다. 기원전 전국시대 연〔燕〕나라의 고지였다고 해서 '옌징〔燕京〕'이라는 별칭도 있다.

10세기 경, 거란족이 세운 요〔遼〕나라는 이 지역을 남방의 거점이라고 해서 '남경(南京)'이라고 명명했다.

그후로 여진족이 세운 금(金)나라 때는 '중도(中都)', 몽고족의 원나라 때는 '대도(大都)'라고 불리다가, 한민족이 건국한 명나라 제3대 황제 영락제(永樂帝) 때에 이르러 수도로서 '베이징(北京)'이라는 이름을 얻었다. 그후, 명나라의 붕괴와 내란을 교묘히 틈타 중국을 점령하고, 270년에 걸쳐 중국을 지배한 것이 만주족이 세운 청나라였다.

청조 말기인 19세기 후반부터 20세기 전반에 걸쳐, 베이징시는 서구 열강의 간섭과 일본 군국주의의 대두와 침략으로 도시로서도 헤아릴 수 없는 손실을 입었다. 중·일전쟁 당시, 국민당의 장제스(蔣介石) 총통은 수도를 난징(南京)으로 옮겼지만, 1949년 마오쩌둥이 이끄는 중국 공산당의 지휘 아래 사회주의 정권이 탄생하면서, 중화인민공화국이라는 신국가의 수도를 베이징으로 정했다.

같은 시기에 도시 개조에 착수하여, 현대 중국의 상징이 되고 있는 천안문 광장을 만들었다. 총면적 40만 평방미터로 세계 최대의 광장이다. 같은 해 10월 1일, 마오쩌둥 주석은 이 천안문 위에서 중화인민공화국의 성립을 선언한 것이다.

현재의 베이징시는, 명·청시대 이후의 전통적인 건물이나 민가와 함께 근대적인 고층 빌딩이 나란히 세워진 근대도시기도 하다. 옛 베이징성의 성벽은 거의 무너졌지만, 덕승문(德勝門)·전문(前門)은 남아 있으며, 오래된 후통(胡同)도 그대로 보존하고 있다.

후퉁이란 골목길을 말하는데, 몽골어의 '우물'이 어원이라는 설도 있다. 그 수가 무려 4550개 이상이며, 차가 다닐 수 없는 좁은 곳이 많다. 역사의 산 증거물을 간직하면서, 베이징시는 근대 도시로 하루하루 변모해가고 있다.

베이징의 중심지 '왕푸징〔王府井〕'은 예부터 금가〔金街〕라고도 불리며, 원나라 때부터 약 700년의 역사를 지닌 유명 상점가이다. 대를 이어 점포를 운영하는 경우가 많으며, 전국적으로 유명한 상점이나 브랜드 전문점이 즐비하게 늘어서 있어, '베이징의 긴자'라고도 불려왔다. 베이징시 당국은 과거 8년 동안 10억 위안을 투자하여, 중심가의 큰길과 외관 정비에 주력하였으며, 앞으로도 2008년 베이징 올림픽을 맞아 관광 대책에 전념할 예정이다.

중국의 실리콘밸리, 쭝관춘

근대 도시의 대표적인 모델 지역이, 베이징시 하이뎬구〔海淀區〕의 실리콘밸리 쭝관춘〔中關村〕이다.

국내외의 내로라 하는 하이테크 기업이 집중해 있어, 일본의 도쿄 아키하바라처럼 가전·PC 제품·소프트웨어 제품을 판매하는 상점이 즐비하다.

2008년에 있을 베이징 올림픽의 개최 결정과 WTO 가입 바람을 타고, 이 지역은 지금 국내 과학기술개발연구센터의 증설과

벤처기업 창설의 움직임이 활발하다. 쭝관춘 주변에는 대학이나 연구기관이 몰려 있고, 최근에는 미국·일본 등에서 유학한 석·박사 출신의 실무 경험이 있는 고학력의 우수한 인재들이 '중국의 실리콘밸리'에서 일하길 희망하며 전에 없는 귀국 행렬이 이어지고 있다.

21세기의 중국을 이끌어갈 젊은 인재를 육성하기 위한 고등교육기관의 수가 많은 것도 베이징시의 특징이다. 대학교의 수는 67개 교, 학생수는 17만 5천 명에 이른다. 중국의 대학로 하이덴구에는 베이징대학, 베이징사범대학, 중앙민족대학 등 총 50개의 대학이 집중해 있다.

또한, 쭝관춘 하이테크 파크에는, 지난해 가을 화베이(華北) 지방 최대의 전자제품 공장이 완성, 가동을 개시했다. 이 공장은 정보산업부 제6전자연구소와 베이징 화리시(和利時) 시스템공정 유한공사가 건설한 것으로, 신화(新華) 과기술공사가 운영하고 있다.

현재, 베이징에 진출해 있는 주요 일본 기업은 일본통운, 미쓰이물산그룹, 닛신, 도쿄전파, 미쓰비시전기, 다이세이로텍, JTB, 마쓰시타전기산업, 오피스노어, 산요전기, 아사히장설, 마루베니, 제너럴엔지니어링, 히타치제작소, 오릭스, NEC, 시세이도, 요시노야 등이다.

베이징시는 명·청 이후 수도로 정해진 중국 정치의 중추로서, 경제적인 풍요로움을 배경으로 학문·예술을 발전시켜 많은 문인과 학자를 배출하고 있다. 그 유명한 소설 〈홍루몽〉을 쓴 청나라 때의 작가 조설근(曹雪芹), 〈낙타 샹쯔〉를 쓴 현대작가 라오서[老舍], 중국과학연 베이징천문대연구원을 지낸 중국의 우주물리학자 팡리즈[方勵之], 소설 〈나비〉의 현대작가 왕멍[王蒙], 명작 〈그럼, 우리 사랑〉 〈패왕별희〉로 유명한 영화감독 첸카이거[陣凱歌], 바둑의 명인 니웨이핑[聶衞平] 등이 있다.

눈치 빠른 베이징인

베이징 사람을 가리켜 흔히 '뺀질이'라고 말한다. 얼굴 생김새는 약간 긴 편이며, 근육질에 덩치가 좋고, 잘생긴 턱을 가지고 있다. 이마가 넓고, 눈은 가늘고 길며, 눈빛이 예리하다. 눈썹은 일직선이고 콧날이 서 있어서, 고귀한 인상을 풍긴다.

베이징인은 지적이고 판단력이 빨라, 대세를 간파하는 능력이 뛰어나다. 정치가의 자질과 인텔리적인 풍모가 있다. 팔방미인이 많은데, 그것은 도쿄 사람과 매우 비슷하다. 성격은 베이징의 공기처럼 명랑한 편이다. 세련된 것을 좋아하며 자부심이 강하다.

옛 청조를 세운 만주족과 한족의 혼혈도 많다. 정치에 뛰어들어 천하를 호령하겠다는 것이 그들의 꿈이다. 정치의 중심지에서 태어나, 지위, 권력, 후원자, 금전 등에 이상하리 만큼 집착을 보인다.

그 때문에 임기응변의 술책에도 능하면서, 권모술수를 이용할 줄 알지만, 도량이 넓어 선악을 가리지 않고 모두 받아들이는 기량을 지니고 있다.

장사에는 소질이 없는 베이징인

"베이징 사람은 고지식하게 돈을 모은다"는 말이 있는 것처럼, 장사를 할 때, 베이징 사람은 가족이나 친척을 상대로 상거래에서 벌어질 수 있는 일들을 미리 연습해 본다. 모든 상황을 설정하여, 박진감 있는 공방전을 펼치는 것이다. 뛰어난 제스처를 교환하면서, 그럴 듯한 말로 상대를 유인한다. 경극은 베이징 사람에게는 서민적인 오락의 하나지만, 그들이 장사를 하면 마치 경극을 하는 것처럼 어딘지 모르게 연기하는 티가 난다.

또한, 베이징 사람은 자신의 입장이 불리해지면, 자신이 잘못했어도 절대로 사과하지 않는다. 자신의 잘못을 인정하면 그 이전까지 만들어놓은 이미지가 깎인다고 생각하기 때문이다. 그러므로, 베이징 사람은 정치에는 관심이 높은 데 비해, 장사 솜씨는 형편없다는 것이 정설이다. 그 가장 큰 이유는 '의리에 약하고 정에 흔들린다' '무슨 일에든 거만하게 굴고, 존경받고 싶어한다'는 경향이 강하기 때문이다.

기업에서 베이징 출신의 상사는 원래 보수적인 면이 강해, 저돌적인 리더로서의 자질은 없다. 하지만 애정이 깊어, 자신을 양보

상하이人, 홍콩人, 베이징人

하고서도 부하에게 최선을 다하는 한편, 냉정함을 동시에 가지고 있어, 필요하다고 생각하면 어떤 잔혹한 처사라도 단호히 행한다. 그러므로, 순풍이 풀어올 때는 바람을 타고 유유자적하며 일하지만, 정치 사건에 휘말리는 등 역경에 빠지면 제일 먼저 도망친다.

한편, 부하의 경우, 도시 서민 출신들은 밝고 쾌활하다. 따라서 인간관계도 넓지만, 베이징 사람 특유의 '뺀질이 근성'도 있어, 일을 하는 데 한결 같지 않을 때가 많다. 그래서 칭찬하면 실적이 오르지만, 지속력이 부족해 상사가 늘 지도하지 않으면 안 된다.

베이징 여성은 명랑한 성격이며, 세련된 것을 좋아한다. 정에 약하지만, 시원시원한 편이다. 남성과 이야기를 할 때, 단도직입적인 것을 좋아하고 유머가 없는 것은 싫어한다. 상하이 여성과 마찬가지로 도시적인 센스가 있으며, 머리 회전도 빠르다. 최근에는 이틀에 한번씩 상대를 바꿔 데이트하는 교활한 면을 보이는 젊은 여성도 등장하고 있다.

베이징은 도시의 역사도 깊어, 베이징 사람들은 수도권 시민으로서의 자부심이 강하다. 그 때문에, 다른 도시 사람이나 외국인이 베이징을 화제로 올리지 않으면 상대하지 않으려고 한다. 지역 간 라이벌 의식도 강해, 특히 자주 비교되는 상하이 사람·광둥 사람을 칭찬하는 일은 금물이다.

유서 깊은 도시 베이징에는 중국을 대표하는 명소가 많다. 만리장성, 자금성, 천안문(天安門), 이화원(頤和園, 청왕조의 여름 별장으로 쓰인 곳), 원명원(圓明園, 청나라 때의 황실 정원), 명의 13릉(명조 3대인 영락제부터 최후 숭정제까지 13명의 황제가 묻힌 무덤), 천단(天壇, 황제가 제사를 올리는 의식을 행하던 제단), 옹화궁(雍和宮, 베이징 최대 규모의 라마교 사원), 벽운사(碧雲寺, 원나라 때 창립한 절), 노구교(廬溝橋), 경산(景山, 자금성의 북쪽에 위치), 고관상대(古觀象臺, 고대의 천문대), 백운관(白雲觀, 중국 최대의 도교 사원), 법계사(法界寺), 류리창(琉璃廠, 베이징시에 있는 문화의 거리) 등이 유명하다.

중국을 대표하는 '베이징 요리'도 유명하다. 그 기초는 산둥〔山東〕 요리이며, 여기에 궁정 요리와 북방 각지의 대표적인 요리가 가세해, 현재의 베이징 요리가 된 것이다. 그 특색은 남방 요리에 비해 고기를 많이 이용한다는 것이다. 3대 명물요리가 베이징덕(통오리구이), 쇄양육(양고기 샤브샤브), 고육(양·쇠고기구이)이다.

上海市

상하이시

—21세기의 맨해튼을 꿈꾼다

면적 6340km²

인구 1674만 명

중요점 중국 경제의 열쇠를 쥔 도시

아시아 최대의 국제무역도시

중국 최대의 상공업 도시인 상하이시는 전쟁 전에 '동양의 파리'
'동양의 마도(魔都)'라고 불렸다.

상하이의 도시로서의 역사는 비교적 길지 않다. 양쯔강 삼각
주의 동남부에 위치하며, 지세는 평탄하고, 평균 해발은 4미터 전
후이다. 주요 하천은 황푸강[黃浦江]과 그 지류인 쑤저우강[蘇州江]
이 있다. 쑤저우강은 쑤저우와 상하이를 잇는 중요한 수로이며, 시
중심부의 와이탄[外灘]에서 황푸강과 합류한다. 기후는 아열대 해

양성 몬순기후에 속하며, 온난다습하고 사계절이 뚜렷하다. 여름은 매우 무덥다.

이러한 풍토와 기후가 현재의 드센 상하이인의 기질을 형성했다고 할 수 있다.

항우(項羽)와 유방(劉邦)이 중원에서 패권을 다투던 진나라 시대와 삼국지 시대, 상하이는 '호(滬)'라 불리는 보잘것없는 어촌이었다. '호'란 대나무로 만든 낚시도구를 말한다. 1074년, 송나라 때 상하이진이 설치되면서 '상하이'라는 이름으로 불리기 시작했다. 13세기 중엽, 남송(南宋)이 해상무역을 담당하던 관청인 시박사(市舶司)의 분소를 이곳에 설치, 항구 도시로 발전했다.

1292년, 원나라 때 상하이현이 설치되고, 명대에 이르자 전국 최대 규모를 자랑하는 면방직업의 중심지가 된다. 오늘날처럼 세계적인 항구도시로서 알려지게 된 것은 아편전쟁 이후이다. 1842년, 청과 영국 사이에 체결된 난징조약으로 외국무역을 위해 개항되었다.

1845년 이후, 영국, 미국, 프랑스가 차례로 조계(租界, 중국의 개항 도시에서 외국인이 행정, 경찰 등을 관리하던 치외법권 지역)를 설치했다. 그후, 아시아 최대의 국제도시로 변모했지만, 약 1세기에 걸쳐 구미 열강의 경제적 진출과 일본 군국주의의 침략이라는 굴욕을 맛보아야 했다.

1921년 7월, 중국공산당은 상하이에서 제1회 전국인민대표대회를 열어, 중국공산당의 탄생을 선언했다. 중일전쟁 승리 후

1949년, 진의(陳毅)[1] 장군이 이끄는 중국인민해방군이 국민당이 지배하고 있던 상하이를 탈환하여 해방시켰다.

하지만, 신생중국이 탄생한 후에도 경제적으로는 "상하이가 벌고, 베이징이 쓴다"는 패턴을 50년 가까이 지속해왔다. 80년대의 개혁·개방의 물결 속에서도 광둥성 등과 비교하면 시류에 뒤처지는 감이 있었다.

그러나 90년대에 들어서 개혁·개방의 중심이 상하이로 옮겨지면서, 푸둥지구의 개발이 발전의 기폭제가 된 것이다.

21세기 중국 약진의 열쇠를 쥔 도시

현재는, 약 500개 업종을 헤아리는 중국 대기업의 대부분이 상하이에 집중해 있다. 푸둥 개발지구에는 자유무역항과 국제금융센터 등이 건설되어 '21세기의 맨해튼'을 꿈꾸는 계획이 착착 진행되고 있어 리더 도시로서의 눈부신 발전을 이루고 있다. 21세기 중국의 경제적 발전의 열쇠와 동향은 상하이가 쥐고 있으며, 아시아 최대의 국제도시에 세계의 관심이 집중되고 있다.

---

[1] 진의(陳毅) : 1905~1972. 중국의 군인, 정치가. 프랑스에 유학하여 귀국 후 중국공산당에 입당. 대장정 이후 江西, 福建 지역의 지도자가 되고, 이후 원수로 승진하였다. 49년~57년 상하이 시장의 중책을 맡음.

개혁·개방 이후의 경제 발전에 따라, 농촌 출신의 노동자들이 대거 유입되어, 도시 호적을 갖지 못한 채 정착하려는 사람이 많아지고 있다. 상하이의 1인당 GDP(국내총생산)는 2만 5750위안으로 전국 제1위이다.

상하이인의 본적은 약 반수가 북쪽 장쑤성(江蘇省), 4분의 1이 남쪽 저장성(浙江省)이며, 상하이 본토 출신은 의외로 적다. 전쟁 전의 혼란기, 또 전쟁이 끝난 후의 급속한 경제적 발전이 요인이 되어, 인근 각 성의 잉여노동 인구를 끌어들인 것이다.

현재 중국 최대의 공업기지이며 무역항인 상하이시는 무역·과학기술·금융·정보 등 모든 분야의 중심지가 되었다. 뿐만 아니라, 독일의 자동차회사인 폴크스바겐 사, 미국의 포드 사 등이 현지 합자기업을 설립하여, 자동차 생산기지로도 발돋움하고 있다. 또한, 일본 각 기업의 진출도 눈에 띈다.

주요 회사로 마루베니(丸紅), 후지필름, 히타치 물류, 니혼 유센, 일본통운, JUKI, 히타치제작소, TOTO, 아지노모토그룹, KDD, 코나미, 코마쓰, 하쿠호도, 이스즈자동차, 니혼페인트, 마쓰시타전기산업, 후지쓰, 파이오니아, 샤프, 도시바, 야마토전기, 스타정기, 에토, 가와타, 브라더, 신일본제철, 선덴, 동해이화, 고가전기공업, 히타치전선, 니혼빅터, TOWA 등 다수가 있다.

지적이고 시대감각이 뛰어난 상하이인

상하이인의 얼굴 생김새는 역삼각형이 많고, 이마는 가로 세로 모두 넓다. 눈은 가늘고 길어 날카로워 보이며, 눈썹은 짧고 잘 움직인다. 코는 그리 높은 편이 아니다. 입은 튀어나왔지만, 턱은 약간 긴 듯한 정도이다. 이 생김새로도 상하이인은 지각신경이 발달하고, 감수성이 뛰어나다는 것을 알 수 있다.

지적이고 계획적이며, 자신의 생각을 체계적으로 정리한다. 하지만, 한편으로 '천상천하 유아독존'적이며, 자기 과시욕도 강하다. 오랜 세월에 걸친 외국문화와의 접촉으로 감각을 키운 상하이인은 직감력, 통찰력이 뛰어나며, 시대를 앞지르는 능력도 있다.

멋내기를 좋아하고 브랜드를 선호하여 '명품' '유행'이라는 말에 약하다. 전형적인 도시인의 라이프 스타일이라고 할 수 있다.

상하이 방언은 오(吳) 방언에 속하며, 공통어와 달리 권설음이 아닌 촉음을 남기는 특징이 있다. 상하이인은 평소에 상하이 방언 '위'를 사용하는데, 일부 단어는 문자까지 중국어와 다른 경우가 있어, 다른 성(省)의 중국인에게는 외국어처럼 들리기도 한다. 예를 들어, 만났을 때의 인사말이 공통어로는 '니하오'지만 상하이 말로는 '눙오'이며, 헤어질 때 인사말 '짜이지엔'을 상하이에서는 '차이웨이'라고 하는 식이다.

강남 각지의 전통요리를 집대성한 것이 그 유명한 상하이 요리다. 게요리 등 어패류를 풍부하게 사용하고, 재료가 지닌 풍미를 중요하게 여기며, 담백하고 깔끔한 맛과 짙은 간장 맛의 요리가 공존하는 것이 특징이다. 대표적인 요리로 샤오룽바오쯔(찐만두)가 유명하다.

상하이 출신의 유명인으로는, 명나라 때의 정치가 겸 학자 서광계(徐光啓),[2] 흑사회의 우두머리였던 두월생(杜月笙), 중국공산당 외무장관을 지낸 우쉐첸(吳學謙), 중국 사회과학원 고문 유광유안(于光遠), 제15기 중앙정치국위원 부총리 첸치천(錢其琛), 제15기 중앙정치국위원 저우자화(鄒家華), 바둑의 명인 천쭈더(陳祖德) 등이 있다.

철저하게 계산적인 상하이 상인

일본에서는 예부터 오사카 사람이 도쿄 사람을 라이벌로 여기듯이, 상하이에는 베이징과 대립하는 분위기가 흐른다. 황허(黃河) 문명권과 대치하는 양쯔강 문명권의 기풍이라고 해야 할까. 그것은 무역이나 상공업 중심으로, 유행의 첨단을 걷는 국제도시의 시민이라는 자긍심과, 중국 총생산의 약 3분의 1을 상하이시가 차지한다는 자부심에서 온 것이다.

2 서광계(徐光啓) : 1562~1633, 마테오 리치로부터 서양의 실용과학을 배웠으며, 열성적인 천주교도로 서양학술을 중국의 학문에 받아들였다.

상하이의 생산고 가운데 약 80%를 나라에서 흡수하기 때문에, 자신들이 중국을 지키고 있다는 생각이 지배적이다. 그들은 늘 "베이징인은 정치에 관한 이야기만 한다"며 반감을 가지고 있다.

흔히 '상하이인의 주판'이라고 말하는데, 거래에서는 1위안 단위까지 따지는 기질이 있다. 비즈니스 감각도 예리하고, 거래도 철저하다. 인정에 호소하는 상술은 통하지 않는다. 상하이에서 자주 들을 수 있는 '주판알을 퉁긴다'는 말은 '타산적이다' '인색하다'는 뜻으로, 상하이인에게 딱 들어맞는 말이다.

'그룹'을 형성, 배타적인 면도 있다

상하이에서 회사의 상사는 빠른 결단력, 비전, 추진력, 정보수집력 모든 면에서 뛰어난 능력을 갖추고 있다. 새로운 것을 적극적으로 도입하고, 부하를 실력으로 평가한다. 탁월한 리더십으로 부하를 잘 다독인다. 하지만, 형식주의가 강해 위아래의 위계질서가 흐트러지는 것을 싫어한다. 독자적으로 '그룹'을 만들어, 상하이 출신자로만 팀을 이루려는 '배타성'도 강하다.

한편 부하의 경우에는 빈틈없고 타산적이다. 오만하고 우월감과 자의식이 강하며, 협조심이 부족하고, 타인에게는 비판적이다. 흔히들 말하는 '남에게 엄격하고, 자신에게 너그러운' 성격이다.

투쟁심과 자존심이 강하고 따지길 좋아해서, 다른 사람의 아래에 놓이는 것을 참지 못한다. 그 때문에 늘 다른 사람과 마찰을 일으킨다.

상하이 여성의 경우는 거래와 상술에 능하다. 겉으로는 남성을 추켜세우지만, 의지가 강해 기회가 생기면 반드시 남성을 리드한다. 외국인이 볼 때는 쑤저우 미인에 비해 그다지 미인으로 보이지 않는다. 하지만, 사람의 눈을 사로잡는 묘한 분위기가 있다. 오랜 세월에 걸친 국제도시로서의 센스와 미의식을 갖춰, 영화·음악·미술·유행·패션 등의 시대감각에 민감하다. 특히 '상하이인 패션'이라고 불릴 만큼 중국 내에서는 최첨단의 패션 감각을 자랑하고 있다. 그 때문인지 세계적으로 활약하는 여배우·모델 등을 많이 배출하고 있다. 일반 젊은 여성들도 "나는 상하이 미인이다"라며 다른 지역의 여성을 무시하는 경향이 있다.

앞에서도 말했지만, 정치도시 베이징에 대한 적대의식이 강해, 비즈니스 교섭 자리에서 "베이징에서는……" 하는 말을 반복하면 즉각 경멸받는다. 중국의 경제·문화의 중심은 상하이라는 것을 전제로 교섭하는 것이 성공의 비결이다.

주요 명소나 유적으로는 황푸강(중국 양쯔강 하류의 지류), 동방명주광파전시탑(東方明珠廣播電視塔, 동양에서 가장 높은 탑), 위위안(豫園, 명나라 관료였던 반윤단이 부친을 위해 만든 저택), 옥불사(玉佛寺, 1882년에 지어진 유명한 불교사원), 루쉰공원(魯迅公園, 중국 근대화의 아버지라고 추앙받는 루쉰을 기념한 곳), 난징루(南京路, 상하이의 번화가), 와이카이루(准海路, 상하이 제2의 번화가)), 인민공원 등이 있다.

상하이人, 홍콩人, 베이징人

홍콩

—중국 반환으로 변모하는 번영과 혼돈

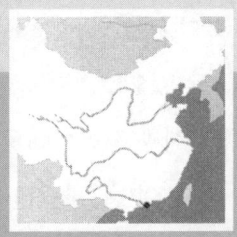

면적 1078km²
인구 678만 명
주요도시 주룽시(九龍市)
중요점 중국 대륙으로의 관문

아시아의 십자로

홍콩은 현재 국제화의 중심에 있으며, "홍콩의 중국화, 중국의 홍콩화"라는 명제를 안고 있다. 예부터 그 한없는 매력으로 '동양의 진주'라고 불렸으며, 로맨틱한 풍경은 '동양의 나폴리'라고도 불려 왔다.

또한, 혼돈의 시대에는 '아시아의 휴지통'이라고도 불리며, 역사적으로나 국제정치상으로나 동양과 서양의 접점에 위치해 있다. 자본주의와 사회주의 세계와의 교두보로서, 마치 '아시아의 십자로'라는 표현이 어울릴 듯하다.

광둥성 광저우시에서 동남쪽으로 약 150킬로미터, 주장〔珠江〕하구의 동쪽에 위치하며, 홍콩섬을 중심으로 한 크고 작은 섬들과 강 건너 대륙측의 주룽〔九龍〕 반도로 구성되어 있다.

면적은 도쿄 시의 절반에도 못 미치는 넓이다. 약 678만 명이 살고 있으며, 90% 이상이 광둥성 등 중국계 주민이고, 대부분이 주룽시와 홍콩섬에 집중해 있다.

1997년, 홍콩은 155년에 걸친 영국 식민지 시대를 마감하고 중국으로 반환되었다. 영국이 홍콩을 직할식민지로 삼은 계기는 제1차 아편전쟁(1840~42년)이었다.

당시, 체결한 난징조약에 따라 홍콩섬 등의 섬들을 영국이 영유한 것이다. 이어 제2차 아편전쟁(애로호 사건) 때 체결한 베이징조약에 의해, 현재의 주룽시에 해당하는 부분이 할애되었다. 그후, 1898년에는 주룽반도 전체를 영국이 99년 동안 조차(租借)한다는 계약이 체결되어, 기한이 끝난 97년 7월에 '홍콩특별행정구'로서 중국에 반환되었다.

155년이라는 기간 동안 청나라가 무너지고, 전후 중국대륙은 국민당 정치에서 중국공산당 천하로 변했지만, 1984년 중국과 영국 양국 정부 간에 홍콩 반환이 결정되자, 홍콩의 기업가와 주민들 사이에 적지 않은 동요가 일었다.

상하이人, 홍콩人, 베이징人

2047년까지 '1국가 2체제'

하지만, 당시의 중국 지도자 덩샤오핑의 '1국가 2체제' 노선 선언에 따라, 2047년까지 50년 동안 외교·군사 등 정치적으로는 중국이 통치하면서, 경제적으로는 예전대로 홍콩인의 자본주의 시스템과 생활방식을 유지한다고 보장함으로써 안정을 되찾았다. 이제까지 홍콩을 국제 비즈니스센터로서 성공으로 이끈 모든 요소가 법률적으로 보장되며, 유지된다는 것이다.

그 주요 요소는 다음과 같다.

〔1〕 영국식 법체계와 기본적 인권의 법률적 보호. 최종심을 홍콩의 종심재판소가 행하는 독립된 사법제도.

〔2〕 재산권과 해외로부터의 투자를 보호. 홍콩 달러의 자유교환. 외환 거래와 투자를 규제하지 않는다.

〔3〕 상품과 자본의 자유 이전. 자유무역항과 독립된 관세지역. 홍콩 내외의 출입의 자유와 홍콩특별행정구 여권 발행을 포함한 출입에 관한 관리.

〔4〕 언론의 자유.

〔5〕 과거에 실시되고 있던 경제·무역 시스템·금융·재정에 관한 정책의 자치.

〔6〕 중국 본토에 대한 납세의무 면제.

크고 작은 여러 섬들로 구성된 홍콩은 원래 해적이 출몰하는 위험지대였다. 영국의 식민지가 된 이후, 동아시아의 중계무역항으로서 근대적인 경제·상업도시로 발전했다.

중국 반환 이후 한동안 홍콩 자본이 미국이나 캐나다, 호주로 빠져나가는 경향이 있었지만, 최근에는 안정을 되찾아, 반대로 그런 피난처에서 자본이나 인재가 홍콩으로 귀환하는 경향이 두드러지고 있다. 앞으로의 홍콩 경제 발전을 논할 경우, 인접한 광둥성과의 관계와, 세계 속에 퍼져가는 중국계 '화상(華商)' 네트워크를 빼놓아서는 안 된다.

최근에는 '귀향' 투자와 대륙 기업계의 홍콩 진출이 가속화되어, 반환 후의 홍콩은 대륙 사회주의경제와 서쪽 자본주의경제가 미묘하게 교차하는 '아시아의 십자로' 역할을 훌륭히 해내고 있다.

중국 대륙의 관문

'1국가 2체제'로 유지되고 있는 반환 후의 홍콩은, 현재 중국 대륙으로 통하는 관문 역할을 하고 있다. 최근에는 인접한 광둥성 선전〔深圳〕 지구에 홍콩 자본으로 이루어진 합작기업 등의 진출이 눈에 띄게 늘어나고 있다.

또 반대로, 반환 후에는 광둥성의 샐러리맨이 주룽시의 홍콩 기업으로 출근하는 광경이 당연하게 여겨지고 있으며, 휴일에는 주민들이 쇼핑을 하기 위해 홍콩과 선전 사이를 오고가느라 분주하다.

홍콩을 아시아의 국제 비즈니스센터로 삼으려는 미국·영국·일본 등의 다국적기업 2400개 사 이상이 아시아지역 총괄본부와 사무소를 홍콩에 두고 있고, 특히 세계 상위 78개 은행을 포함한 320개 은행과 134개의 대표사무소가 진출해 있다. 증권시장도 아시아에서 두 번째 거래 규모를 자랑하며, 금(金) 현물 거래에서는 세계 4대 시장의 하나에 랭크되어 있다. 비즈니스 시장에서는 영어가 공통어로 쓰이며, 주요 관청·비즈니스 가에서는 영어·광둥어·베이징어 외에, 거래에 필요한 세계 각국의 다양한 언어가 교류하고 있다.

대외 지향이 강한 경제 체제를 유지하는 홍콩은 IT업종도 눈에 띄게 발전하여, 통신 환경은 세계 최고 수준에 있다. 전화회선의 완전 디지털화와 전화번호의 휴대성을 실현하고 있다. 전화 보급률은 아시아 최고, 사무용 FAX 사용률도 세계 최고이다. 또한 휴대전화도 인구의 반 이상이 소유하고 있다. 인터넷도 130개 이상의 전용선을 통해 세계와 교류하고 있다.

관광도시로서 번영

예부터 '동양의 나폴리'라 불린 홍콩은 관광도시로서도 변함 없이 건재하다. 비즈니스나 관광 등을 목적으로, 해외에서 연간 2700만 명이 홍콩 신공항에 도착하고 있다. 침사추이〔尖沙咀〕, 쭝완〔中環〕, 통로완 등의 번화가에는 아시아 굴지의 고급 호텔과 쇼핑몰이 몰려 있고, 해외의 젊은 여성 관광객이 고급 호텔에 묵으며, 유명 브랜드숍에서 의류·신발·가방·화장품 등의 쇼핑을 즐기고 있다.

또 '맛의 도시'라고 불리는 홍콩은, 광둥·상하이·베이징·쓰촨의 중화요리점들이 빼곡이 들어서 있고, 번화가에는 유명한 요리점이 많아 관광객의 입을 즐겁게 해주고 있다.

반환 후의 홍콩은 문화적으로도 변함 없이 아시아의 십자로 역할을 담당하고 있다.

자의식 · 자부심이 강한 '강쯔'

155년 동안의 영국 식민지시대의 영향으로 홍콩인은 스스로를 '강쯔〔港仔〕'라고 부르며, "나는 중국인이라기보다 홍콩인이다"라고 여기는 사람이 많다. 그러므로 홍콩인에게 "당신은 중국인입니까?" 하고 묻는 것은 금물이다.

대륙의 중국인보다 생활습관이나 태도가 세련되고, 자의식이 강하며, 남에게는 비판적이다. 언뜻 보아 다정다감하고 포용력 있어 보이지만, 자신이 가장 잘났다는 의식이 강해, 남이 한 일에 대해 따지고 드는 경향이 있다. 진정으로 마음 깊숙이 사귀기란 쉬운 일이 아니다.

홍콩인은 '새로운 것을 좋아하고 모험심이 풍부한' 기질을 가졌다. 하지만 동시에 "쉽게 뜨거워지고 쉽게 식는다"고도 할 수 있다. 분명 홍콩인은 옛것을 버리고 새것을 찾는 정신은 있지만, 그것을 깊이 연구하는 경지에는 이르지 못했다. 쉽게 뜨거워져 금방 타오르지만, 일단 열이 식으면 급격히 사그라든다. 좋게 말하면 정열적이고, 나쁘게 말하면 작심삼일 같은 식이다.

홍콩 출신의 주요 인물은, 영화배우 재키 첸, 주윤발이 있으며, 사업가 리카싱, 바오위강〔包玉剛〕 등이 있다.

근면하고 수완 좋은 홍콩 상술

예부터 중국인의 상가(商家) 격언에 '친형제명산장(親兄弟明算帳)'(친형제간이라도 금전 거래에 관한 계산은 분명히 해야 한다), '청객무론 매매논분(請客無論, 賣買論分)'(손님에게 한턱낼 때는 돈을 얼마든지 쓰지만, 일단 장사에 들어가면 1원이라도 아낀다)이라는 말이 있다. 이 말처럼 홍콩인은 학교를 짓거나 절을 세우는 등의 공익적인 일, 또는 관혼상제나 교제상의 의리를 위한 일에는 돈을 아끼지 않는 기풍이 있다.

하지만 장사에 임하면 전혀 다른 사고방식을 가지고 있다. 장사는 전쟁이며, 이유 없이 값을 깎거나, 손해를 보는 일은 결코 없다. 성공한 홍콩인은 이구동성으로 "젊었을 때는 하루 5시간만 잤다"고 말한다. 그리고 사회적 지위와 세계적인 신용을 얻은 후에는 '잘 벌고 잘 노는' 방향으로 전환하는 경우가 많다.

홍콩의 직장 상사는 사교적인 인상을 주지만, 의외로 낯을 가리는 경향이 있다. 하지만, 어떤 직장·직종에도 잘 견뎌내는 적응 능력은 탁월하다고 할 수 있다.

또한, 일을 즐기는 사람이라기보다 취미를 즐기는 사람이라고 해야 할 것 같다. 홍콩인 상사는 새로운 것을 저항 없이 받아들이며, 개방적인 이미지가 매우 강하다.

부하의 경우는 신앙심이 두터운 것이 특징인데, "하나님이든 부처님이든, 뭔가 마음의 안식처가 되어 돈을 벌게 해주었으면 좋겠다"고 생각한다. 이것은 전통적인 유교관에 인간관계와 금전감각, 윤리관이 더해져, 현실주의적인 발상이 반영된 증거이기도 하다. 일과 취미생활의 밸런스를 잘 맞추는 전형적인 현대 비즈니스맨이 많다.

홍콩 여성은 상당히 개방적이다. 무역이나 상공업이 발달한 지역 풍토 때문에, 여성의 사회 진출이 두드러져 고소득을 얻을 기회가 많다. 사회적인 활동도 남성에 뒤지지 않으며, 여유로운 마음으로 생활을 즐기고 있다.

홍콩의 주요 명소·유적으로는, 빅토리아 파크, 침사추이, 청수만(淸水灣), 황대선 묘(黃大仙廟) 등이 있다.

MAKAO

마카오

—중국의 라스베가스, 도박의 섬

면적 23,8km²

인구 45만 명

중요점 카지노, 도그 레이스—도박의 메카

도박을 좋아하는 중국인의 불야성

미국에 도박의 메카 라스베가스가 있다면, 중국의 라스베가스는 바로 마카오이다. 전세계를 통틀어 중국인만큼 도박을 좋아하는 민족도 없을 것이다.

먼저, 마카오가 탄생한 경위부터 알아보자.

영국령이었던 홍콩에 이어, 1999년 12월에 포르투갈령에서 중국에 반환된 특별행정구 마카오는, 광둥성 주강 하구 서남부에 위치해 있다. 면적은 23.8㎢로 대도시의 구(區) 정도의 넓이다. 마카오섬과 직결되어 있는 타이파섬, 쿨로아네섬 세 구(區)로 이루어져 있다. 기후는 아열대기후로 고온다습하며, 연평균 기온은 22.4도로 따뜻하다. 총인구는 약 45만 명. 마카오 출생자가 총인구의 약 40.1%, 중국 본토 출생자가 50.4%를 차지한다.

15세기 말 경에 포르투갈의 해양모험가인 바스코 다 가마가 인도 항로를 발견한 대항해 시대 이후, 동아시아 지역은 서구 제국의 새로운 무역 거점의 목표가 되었다. 이어 16세기 초, 인도의 고아 지역과 말레이반도의 말라카에 포르투갈인이 진출했다. 그리고 1513년에 같은 포르투갈인 항해사 조르제 알바레스가 중국 남부에 최초로 상륙했다.

이곳이 현재의 마카오이다. 이후, 포르투갈인은 주장 삼각지대에 몇 개의 무역사무소를 설치, 세계 무역에 착수한 것이다.

포르투갈인과 선교사들의 내항

1577년, 포르투갈은 명나라 조정의 왜구 토벌작전에 협력한 공적으로 마카오 거주권을 획득했다. 그후, 동양과 서양을 잇는 중계무역항으로 번성한 마카오는, 상인뿐만 아니라, 중국·일본 등지로 포교활동을 넓히고 있는 기독교 선교사들의 중요한 거점이 되었다.

포르투갈이 마카오에서 특권을 누리는 데 성공한 것을 본 서구 제국은, 서서히 먹이감을 노리기 시작했다. 그중에서도 집념이

상하이人, 홍콩人, 베이징人

강했던 것이 네덜란드이다.

17세기에 다섯 차례에 걸쳐 침공을 시도했지만, 번번이 마카오 주민에게 격퇴당하고 말았다. 마카오는 그후, 무역업에 있어서 포르투갈인들이 독점하다시피 했고, 타이판(大商人)들의 거주지가 되었다.

18세기에서 19세기에 걸쳐 서구 열강의 아시아 침공이 치열해졌다. 1841년, 아편전쟁이 끝난 후에 마카오에 인접한 홍콩을 직할시로 삼은 것이 영국이었다.

영국은 홍콩을 거점으로 세계 무역사업을 활발히 전개, 최근까지 약 155년 간 식민지였던 홍콩으로부터 상업·금융 등에서 막대한 이윤과 번영을 누리며, 포르투갈령의 무역항 마카오를 능가해왔다.

홍콩과 마찬가지로 '1국가 2체제' 방식

한편, 마카오는 제2차대전 후인 1951년에 포르투갈 해외 현이 되고, 76년에 자치령이 되었다. 1966년, 중국 문화대혁명 시기에 일어난 마카오 폭동을 현지 마카오 당국이 진압에 실패하자, 중국이 실질적으로 마카오를 제압했다. 1979년, 포르투갈·중국 국교회복 당시, 양국은 마카오의 주권은 중국에, 통치권은 포르투갈에 있다는 것을 확인했다.

1980년대에 홍콩과 마찬가지로 마카오의 반환 문제가 불거졌다. 1987년 4월, 포르투갈·중국 양 정부는 마카오를 홍콩과 같은 '1국가 2체제' 방식으로 하자는 데 합의했다. 1993년 3월에 마카오 특별행정구기본법(반환 후의 소헌법)이 완성되어, 1999년 12월, 중국에 정식으로 반환되었다.

도박 관광에 미래를 건다

중국 특별행정구 마카오의 경제는, 관광도시라는 지리적 이점을 살린 관광 관련 산업이 중심을 이룬다.

155년 전 영국령 무역항인 홍콩의 탄생 이후, 광둥성 남단 주장(珠江) 연안의 수심이 얕은 마카오 항에는 대형 선박이 들어설 수 없어, 중계무역항으로서의 번영은 진작에 홍콩으로 넘어간 상태였다.

현재도 마카오 관광객의 대부분이 홍콩에서 당일 관광으로 온 경우이며, 경제적으로는 홍콩에 대한 의존도가 높다. 최근에는 중국 본토와의 교류가 활발해지고 있다. 총인구 45만 명 가운데, 95%가 중국인이며, 나머지 5%가 포르투갈인 등의 외국인이다. 중국어와 포르투갈어가 공용어이고, 마카오 주민은 일상생활에서 광둥어를 사용하고 있다.

반환 전인 1995년 11월에 타이파섬 동부에 건설된 마카오 신

국제공항은, 24시간 운용으로 연간 600만 명의 관광객이 방문하고 있다. 통용 화폐는 마카오 파타카(1파타카는 약 140원)이며, 또한 홍콩 달러가 그대로 통용된다.

물가는 일본이나 홍콩보다 싸다. 고급 호텔 숙박비가 1500파타카(약 21만원), 중급 호텔이 500파타카(약 7만원)이다. 100파타카는 약 1만4천원 정도로, 정식 포르투갈 요리나 마카오 요리를 맛볼 수 있는 가격이다.

정부 공인 카지노 24시간 오픈

'중국의 라스베가스'라 불리는 관광도시 마카오의 핵심은 역시 도박이다. 도박의 섬 마카오에는 전세계의 대부호들, 혹은 일확천금을 노린 사람들이 카지노와 경마, 도그 레이스(개 경주)를 즐기기 위해, 비행기와 배를 타고 몰려와 불야성을 이루고 있다.

홍콩에서 고속 페리호로 약 1시간 거리에 있는 마카오 카지노는, 반도 부분의 마카오 시가지와 타이파섬, 쿨로아네섬 내에 10개소만 설치되어 있다. 이곳은 모두 카지노왕 스탠리 호가 경영하는 '마카오 여행오락 유한공사'가 운영하고 있다.

바카라, 블랙잭, 룰렛, 판탄, 다이슈, 슬롯머신…… 미국 라스베가스의 규모에 뒤지지 않는 여러 종류의 게임이 갖춰져 있는 마카오의 번화가는, 365일 24시간 카지노를 즐기러 온 관광객으로

문전성시를 이루고 있다.

최근 마카오 카지노에는 블랙잭과 비슷한 카드 게임 '뚜이쯔 배트'가 유행하고 있다. 또한, 마카오 시가지에는 일본판 도박 파칭코가 이름 그대로 'THE PACHINKO'라고 해서 등장했다고 한다. 마카오인의 도박에 대한 왕성한 호기심을 보여주고 있다.

타이파섬의 마카오조키 클럽은, 근대적 설비를 갖춘 경마장으로도 유명하다. 질 높은 레이스를 운영하기 위해 호주, 뉴질랜드, 영국, 아일랜드 산 명마를 수입하고 있다.

일본에서는 볼 수 없는 것이 제네럴 카스테로 블랑코 거리의 카니드롬 경기장에서 열리는 도그 레이스이다. 월·목·토·일 주 4회 열리며, 경마와 마찬가지로 단승·복승·연승복식 방식을 취한다.

중국 마피아, 흑사회

반환 후 특별행정구가 된 마카오지만, 카지노 이외에 주된 관광 수입이 없는 이 땅은, 밤낮 없이 거액의 도박꾼들이 활동하고 있다. 최근 몇 년 동안, 카지노 이권을 좇아 홍콩·대만 등지의 마피아가 진출해, 중국인 마피아들의 세력 다툼이 심화되었고, 급기야 폭탄 테러 사건이 발생하기도 했다.

불황 때문에, 관광객을 노린 강도·소매치기 사건도 늘어났다고 한다. 이처럼 마카오를 관광할 때는 돈 관리에 세심한 주의를 기울여야 한다.

수년 전에 동북부 랴오닝성〔遼寧省〕 선양시〔瀋陽市〕 시장이 마카오 출장을 가서, 공금을 도박으로 날려 물의를 일으킨 적이 있었다. 마카오에서의 비즈니스 핵심은 당면한 도박사업이 중심이 될 것이다. 일본 등의 나라에도 마카오 같은 도시가 생겨도 괜찮을 것 같다.

마카오의 주요 명소·사적으로는, 성 바울 성당, 몬테 요새, 백사장, 성 프란시스코 자비엘 교회, 조르제 알바레스 기념비, 바스코 다 가마 기념비, 쑨원〔孫文〕 기념공원, 마카오그랑프리 박물관, 총독부 등이 있다.

제 3 장

지역별
상담(商談) 테크닉②
─주요 12성과 타이완 편

저장성

—비옥한 땅과 아름다운 풍광

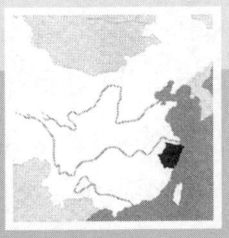

면적 1만2000km²

인구 4677만 명

주요도시 항저우시(杭州市)

중요점 향진(鄕鎭)기업의 모델 지구

3D도 언제든지 OK

저장성은 북부 전체가 동중국해에 접해 있어 예부터 항구가 발달하였으며, 해외 교류의 역사도 깊은 지역이다. 경치가 아름답고 기후와 풍토가 온난하다. 저장성 사람의 기질은 정치보다 장사 쪽에 뛰어난 수완을 발휘해, 중국에서는 "저장성에서 상업에 성공하면 어디에 가서도 성공할 수 있다"고 말한다.

저장성 사람은 눈앞의 이익보다 먼 장래를 내다보는 안목을 가지고 아무리 작은 거래라도 소홀히 여기지 않으며, 여러 가지 물건을 두루 갖춰놓고 꾸준히 파는 경향이 있다. 그들은 세계 어디든지 진출해, 흔히들 말하는 3D 업종의 일도 꺼리지 않고 해내는 근성이 있다.

'7山 1水 2分地', 말 그대로 총면적의 70.4%가 산과 구릉, 6.4%가 하천·호수, 23.3%가 평야·분지로 이루어져 있으며, 예부터 "위에 천당이 있고, 아래에는 쑤저우, 항저우가 있다"고 말할 만큼 아름다운 풍경과 풍요로운 대지로 알려져 있다.

저장성의 중앙을 흐르는 최대 하천 쳰탕강〔錢塘江〕은, 상류로 거슬러 가면 푸춘강〔富春江〕, 동강〔桐江〕, 난강〔蘭江〕을 지나 굴곡이 많은 곳에 이르러 '저장〔浙江〕'이라고 부르는데, 이것이 성 이름의 기원이 되었다.

쳰탕강은 해소(海嘯) 현상으로도 세계적으로 유명하다. 해소 현상이란 항저우 만(灣)이 안으로 들어가면서 좁아져 나팔 모양이 되는데, 만조 때 바닷물이 만 안으로 몰려들었다가, 나팔의 입을 향해 강을 역류하는 현상이다. 음력 8월 18일 전후로 장관을 이룬다.

또, 저장성은 '와신상담(臥薪嘗膽)'의 유래지로도 알려져 있다.

춘추전국시대, 오나라 왕 부차(夫差)가 월나라 왕 구천(勾踐)을 토벌하여 아버지의 원수를 갚겠다는 일념으로, 밤낮 섶 위에 누워 자고 쓰디쓴 쓸개를 핥으며 굴욕을 되새겼다. 한편, 회계산의 싸움에서 오나라 왕에게 패한 월나라 왕 구천도 그 수모를 잊지 않기 위해 밤낮 쓸개를 핥으며 복수를 다짐했다는 고사이다.

당나라 멸망 후, 5대10국 시대의 정치가 전유(錢鏐)가 저장에

오월국(907~978)을 건국했다. 그후, 북송이 천하를 통일하지만, 금나라가 침입하여 북송은 멸망하고 남송 시대를 맞이했다. 1138년, 항저우로 천도한 후, 이윽고 이민족인 몽골이 침략하여 원나라 천하가 되지만, 남송에서 원 시대에 걸쳐 항저우는 경제·문화의 중심지로서 번영을 누려왔다.

항저우 번성한 모습은, 원 시대에 베니스에서 온 상인 마르코 폴로의 〈동방견문록〉에서도 찾을 수 있는데, "항저우는 분명 세계 제일의 호화롭고 부유한 도시이다"라고 기록되어 있다.

항저우에서 첸탕강 동남쪽으로 약 60킬로미터 들어간 수향지대(水鄕地帶)가 샤오싱시(紹興市)인데, 이곳은 '소홍주'의 명산지이다. 샤오싱시는 〈아큐정전〉 등의 명작을 남긴 작가 루쉰(魯迅)의 고향이다.

해외 무역의 거점

당 시대부터 국제무역항으로 발전한 닝보시(寧波市)는 해외 무역의 거점이었다.

예부터 학문과 예술을 좋아하여, 수많은 사상가·문학가·정치가 등의 지도자를 배출해냈다. 명 시대의 유학자이며 양명학의 시조인 왕양명(王陽明), 근대작가 루쉰, 청조 말기 중화민국의 정치가 장병린(章炳麟), 국민당 총통을 지낸 장제스(蔣介石), 일·중 국교회복에 전력을 다한 전 국무원 총리 저우언라이〔周恩來〕, 역사학자로 베이징 부시장을 지낸 우한〔吳晗〕, 전 전인대위원장 차오스〔喬石〕, 제15기 중앙정치국상무위원 웨이젠싱〔尉健行〕, 중앙정치국위원 황쥐〔黃菊〕 등이다.

1930년대에는 저장성 출신의 은행가 겸 사업가인 유이허칭〔虞洽卿〕, 뤼훙썽〔劉鴻生〕 등이 상하이로 진출해 '저장재벌'[3]을 형성하고, 그 이름을 남겼다.

사업에 대한 적극성과 추진력이 저장성 기질의 큰 특징이며, 현대에 와서도 그 기질이 살아 있다. 1999년 중국 500대 기업 가운데 112개, 2000년에는 171개를 차지한 저장성 기업은 2001년에는 급기야 상위 10개 그룹 가운데 7개를 차지하면서 "저장성 사람이 중국 최고의 상인"이라는 별명을 얻게 되었다. 약 10년 전에 소비에트연방이 러시아로 바뀌고, 러시아 국내에 물자가 부족한 시대에, 러시아에 진출해 상업에서 성공을 이룬 것도 저장성 사람이다.

약진하는 향진기업

닝보, 원저우〔溫州〕 등 아시아 무역에서 오랜 역사를 지닌 항만도시

---

3 저장재벌〔浙江財閥〕 : 중국의 대표적 재벌 : 1920~30년대에 상하이를 본거지로 경제계에 압도적인 힘을 갖고 국민당 정부와 결탁하여 정치적으로도 세력을 떨쳤다.

상하이人, 홍콩人, 베이징人

는 중화인민공화국 성립 후 크게 발달했는데, 한창 개발이 진행중인 신흥 성(省)으로서 특징적인 것이 향진기업(鄕鎭企業, 농민이 소유하고 경영하는 기업)의 발전이다.

1992년, 저장성 퉁루현(桐櫨縣) 출신의 농민 기업가 천진이(陳金義, '황가실업유한공사') 사장은, 고향에서 우세를 떨치고 있던 상하이 출신의 상인과 7점포에 대해 경합을 벌였다. 천 사장은 이때 저장상인 정신을 발휘해, 7점포에다 6점포를 더 낙찰 받아 승리했다고 한다. 이 경합은 고향에서 화제가 되었다.

대도시에 비해 뒤처져 있다는 향진기업의 이미지를 불식시키고, 그때까지 열등감을 가지고 있던 농민기업가들이 당당히 대도시에 진출하는 계기가 되어, '천진이 현상'이라고 불리기도 했다.

2000년도, 저장성의 향진기업은 국내경제총생산량과 성장률 등의 경제지수 7항목에서 전국 1위로 올라 그 약진의 기세를 드러냈다.

대도시 상하이에 대해 라이벌 의식이 강하고, 도시적인 감각이 있다. 일본 기업으로는 차 제조회사 이토엔이 성공을 거두었는데, 항저우에 게임 소프트웨어회사 토세, 위야오(余姚)에 산요특수제강, 미쓰이물산, 긴쇼, 닝보에 미쓰비시 레이온, 도시바그룹 등이 진출해 있다. 저장성에서 사업을 하려고 할 때 도시적인 감각이 없으면 힘들다.

추진력이 있고 적극적인 저장성 기질

저장성 사람은 온건한 편이며, 리더로서 성공하는 타입이라고 할수 있다. 근육질의 몸과 적당히 통통한 얼굴을 가졌다. 눈은 길고크며, 눈동자는 예리하다. 이마는 넓고 잘생겼으며, 입은 크고 입술은 두툼하다.

인생이나 일에 대해 항상 적극성을 보인다. 비판정신이 풍부하고, 언변이 좋으며, 웅변에 재능이 있다. 정보수집력이나 자료정리에 뛰어나고, 계산에도 밝다. 정치적으로 권모술수를 갖추고있고 청탁에도 능하다.

그 대표적인 예가 고 저우언라이〔周恩來〕 수상이다. 듬직한 체격에 당당한 대장부 타입이다. 다정다감한 마음 씀씀이, 솔직한언변, 짙은 일자 눈썹, 깊은 호수를 연상시키는 눈동자는 참으로매력적이었다. 그를 만나본 많은 사람들은 그에 대해 "진지한 눈동자로 지그시 쳐다보면 누구든지 그에게 푹 빠지고 만다"고 평가하고 있다.

저장성 사람은 의외로 느긋하고 평범하며, 사업에 있어서 눈앞의 이익만 좇지 않고, 시야를 넓혀 먼 앞날까지 계산한다. 또, 정치가나 관료와 결탁해, 권력의 보호를 받으며 돈을 버는 요령도 터득하고 있다. 팔아야 할 때 팔고, 모아야 할 때 모으며, 새로운 것도 적극적으로 받아들인다. 돈에 세심하고, 전통적으로 상업 중시형이다.

상하이人, 홍콩人, 베이징人

특유의 언변으로 때로는 고객의 의향을 무시한 채 자신의 의견을 거침없이 밀고 나가는 경우도 있다. 일에 있어 타이밍을 맞추는 기교도 뛰어나다. 무일푼으로 아이디어만 가지고 거래에 뛰어드는 경우도 있고, 상식 밖의 기발한 방법으로 성공한 예도 많다.

직장 상사인 경우, 임기응변에 능하고 지도력이 있으며, 기회를 잘 포착해 과감하게 결단을 내릴 줄 안다. 늘 솔선수범 하려고 애쓰며, 부하를 공정한 태도로 대한다. 부하의 재능과 기량을 잘 살려주지만, 상벌을 정확히 따지는 신상필벌주의다.

부하의 경우, 머리가 좋은 만큼 비판정신도 강해 다루기 어려운 면이 있다. 상사가 자신의 일에 대해 잔소리를 하거나 간섭하면, 자신을 믿지 않는다고 여겨 반항하고 일을 끝마치지 않으려는 경향이 있다. 상하이 사람과 마찬가지로 자긍심이 강하고, 머리 회전이 빠르며, 실수해도 수습 능력이 뛰어나다.

여성은 미모가 수려하며, 아담한 미인형으로 사람의 눈을 끄는 타입이 많다. 젊어서는 청순한 분위기, 중년이 되면 요염한 분위기를 발산한다. 다재다능하고, 활발하게 생활을 즐긴다. 또, 어떤 한 가지 일에 흥미를 가지면 철저하게 탐구한다. 셈이 빨라 타산적인 면도 있고, 사람에 따라 태도를 바꾸는 경향이 있다. 생활면에서는 근검절약형이라고 할 수 있다.

저장성 사람은 12세기에 이민족 금나라의 공격을 받고, 남쪽으로 도피해 남송을 건국했다. 임안(臨安, 지금의 항저우)을 수도로 정하고, 나라의 정착을 위해 노력했지만, 1279년 원나라가 침략하여 야산(厓山) 전쟁에서 남송이 멸망한 역사가 있다. 그 때문에 이민족 여진(금나라)이나 몽골(원나라) 이야기를 꺼내는 것은 금물이다.

저장성의 주요 명소로는, 항저우시의 서호(西湖, 항저우 서쪽에 위치한 호수), 구비묘(丘飛廟), 영은사(靈隱寺), 리우허탑(六和塔, 970년에 세워진 탑으로 국보급)과 샤오싱시의 왕희지(王羲之) 난정(蘭亭), 루쉰의 생가, 그리고 닝보시의 천일각(天一名), 푸퉈산(普陀山, 저우산(舟山) 군도의 한 섬에 있는 불교 성지) 등이 있다. 또한, 저장성은 항저우의 룽징차(龍井茶), 실크, 소흥주(紹興酒) 등의 명산지로도 잘 알려져 있다.

상하이人, 홍콩人, 베이징人

장쑤성

─연구, 제조의 귀재

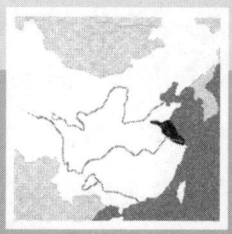

면적 10만2600km²

인구 7438만 명

주요도시 난징시(南京市)

중요점 남성은 두뇌 명석, 여성은 미인

_____ 장쑤성이 번성하면 천하가 풍족하다

장쑤성에서 드디어 한 사람의 황제가 출현했다. 중국의 최고지도
자 장쩌민 국가주석이 바로 그 사람인데, 장 주석은 장쑤성 양저우
시〔揚州市〕에서 태어났다.

　　장쑤성 하면 '물의 도시' 쑤저우〔蘇州〕를 떠오르게 한다. 예부
터 지식인, 인텔리 층을 많이 배출한 지역으로, 공부·연구에 전력
을 다하는 기질이다.

　　물건을 파는 재주는 없지만, 만드는 재주는 타고났다. 대표적

인 예가 쑤저우의 가구, 난징의 차(茶) 단지, 우시[無錫]의 찰흙인형 등으로 생산고는 중국 제1위를 차지하고 있다. 섬유공업 부문에서는 일본의 도레이, 테이진이 장쑤성에 진출해 성공을 거두고 있다.

양쯔강과 화이허강 하류에 위치하며, 양쯔강 남쪽을 쑤난[蘇南], 북쪽을 쑤베이[蘇北]라고 한다. 쑤난은 성 전체의 3분의 1에 불과하지만, 중국에서 가장 풍요로운 지역으로, 성 전체 국민총생산의 70% 이상을 차지하고 있다.

오랜 세월에 걸쳐 양쯔강이 옮겨온 토사가 축적되어 생긴 광활한 삼각주 평원으로 이루어져 있다.

타이후[太湖] 외에 크고 작은 호수가 약 200개 있으며, 물 갈래가 그물처럼 펼쳐져 있어, 지금도 범선이 수로를 따라 유유히 흘러가는 풍경은 강 남쪽 삼각주 특유의 광경이라고 할 수 있다.

양식업이 활발하고, 기후가 온난하여, 작물이 풍부하다. 당나라 때 세금의 대부분이 항저우에서 베이징까지 총길이 1794㎞의 운하를 따라 이곳 삼각주에서 북쪽으로 반입되었다고 한다.

"장쑤성이 번성하면 천하가 풍족하다"는 말이 있을 정도로 예부터 곡창지대로 유명하다.

성의 수도인 난징시는 2400년의 오랜 역사를 자랑한다. 오(吳)·동진(東晉)·송·제·양·진, 그리고 남당·명·태평천국·중화민국 등 10개의 왕조와 정권이 수도로 정한 중국의 6대 수도 중 하나이다.

'동양의 베니스'라고 불리는 쑤저우 시는 산수의 경치가 좋기

상하이人, 홍콩人, 베이징人

로 유명하여, 예부터 '지상의 천국'이라 불리우는 강남의 중심지였다. 비단 생산지로 자수가 성행하고, 지역 사람들은 지금도 전통공예에 전념하고 있다.

찰흙인형 생산으로 유명한 우시시[無錫市]는, 쑤저우 시의 인근 시로 타이후에 가까이 위치한 마을이다. 호수 위를 떠가는 짐배의 풍경이 정겨운 곳이다.

상하이 시에 인접한 쿤산시[昆山市]는, 세계무형문화재로 지정된 전통희곡 '쿤취[昆曲]'의 발상지로 유명한데, 최근에는 타이완 기업의 투자가 가장 왕성한 신흥도시로서 중국 내에서 주목을 받고 있다.

향진기업의 모델 지역

쑤난 일대는 지금 중국 전체를 통틀어 가장 활기에 넘치는 지역이다. 인근 저장성과 마찬가지로 향진기업이 발전한 지역으로, 국내 3모델 지역인 '쑤난 모델'(장쑤성 남부지역), '원저우 모델'(저장성 원저우 지역), '주장 모델'(광둥성 주장 지역)의 하나로 알려져 있다.

쑤난의 향진기업은, 개혁·개방 후에도 풍요로운 생활을 추구하는 농민의 거대한 에너지를 빨아들여, 지역의 잉여 노동력을 적극적으로 고용한 식품가공, 건축자재, 기계, 어패럴 등 중소규모의 제조업으로, 도시 공업의 하청과 지역시장을 노린 생산활동으로 발전해왔다.

장쑤성 사람은 옛날 오나라 사람이었다. 장쑤 사람이 향진기업 등에서 타고난 기업가정신을 발휘하여 공업·농업 등을 순조롭게 발전시킬 수 있다면, 가까운 장래에 아시아의 경제 강자로 떠오를 것이다.

일본 기업으로는 도시바그룹, 후지필름, 히타치금속, 히타치제작소, 히타치전선, 캐논, 아프텍스, 코피아, 대일본잉크화학공업, 마루베니, 소니, 신일본제철, 동양통신기, 후지중공업, 산에스, 마키타, 다이세이제작소 등이 진출해 있다.

장쑤성 사람들의 외모는 턱이 삼각형으로 뾰족한 지적인 얼굴형의 사람이 많다. 눈은 가늘고 길며 코는 높다. 시원스러워 보이는 이마도 특징적이다. 상하이인의 대부분이 장쑤성 출신으로 두곳은 많은 공통점을 지니고 있다.

두뇌의 명석함은 옛 중국의 관리등용시험인 '과거'의 수석합격자 수로도 명백히 알 수 있다. 과거제도는 수나라 때 시작되었는데, 그 수석합격자를 '장원'이라고 한다. '강남강소재자(江南江蘇才子)'라는 말처럼, 청조시대 112명의 장원 중 장쑤성 출신자가 49명으로 40%를 차지하고 있다.

장쑤성 사람은 논쟁을 좋아하고, 설전에 강한 것이 특징이다. 크레임을 거는 데도 능하다. 지적이고 계획적이며, 자신의 생각을 체계화하여 논리적으로 자기 주장을 한다. 국제화에도 적응력이 있다. 풍요로움을 배경으로 남부는 학문과 예술을 좋아하여 많은 문인과 학자들을 배출했다. 북부는 안후이성〔安徽省〕 사람과 비슷하여 무예를 좋아한다.

현대의 장쩌민 주석 외에, 한 고조 유방, 군벌 조여림(曹汝霖),[4] 경극의 명배우 메이란팡〔梅蘭芳〕, 사업가이자 국가부주석인 룽이런〔榮毅仁〕, 중앙정치국 상무위원 겸 부총리 리란칭〔李嵐淸〕, 정치학자로 '민주중국진선' 주석인 옌자치〔嚴家其〕 등을 배출했다.

진취적 기상이 풍부한 장쑤인

장쑤성은 중국의 중심부에 있어 다양한 정보를 쉽게 얻을 수 있기 때문에, 선진적인 사고방식을 가진 사람이 많다. 또 일류를 좋아하고 자존심도 강하다. 상하이와의 교류가 오래된 탓에 상인다운 성격이 강하고, 합리적이며 금전에 세심하다. 최근에는 경제적인 발전이 지속되어, 상하이를 누르고 총생산고 전국1위를 차지했다. 성공의 비결은 지역간 경쟁이 플러스로 작용한 결과이다.

중국어에 '용어침신(勇於闖新)'이란 말이 있는데 이 의미는 '진취적인 기상'을 뜻한다. 용기를 가지고 새로운 것을 만들어낸다는

---

4 조여림(曹汝霖) : 1872~1966, 상하이 사람으로 친일 외교관으로 활약하며 중·일 교섭 등의 역할을 했다. 그 때문에 중국인의 반일감정을 자극해 5·4운동 때 사임한 이후, 경제계로 옮겨가 재계의 실력자가 되었다.

뜻이다. 중국의 가구 판매상에 따르면, "장쑤성 사람이 만든 가구는 다른 어느 곳의 디자인보다 참신하고 완벽하다"고 한다. 상대의 기호에 맞춰 과감하게 새로운 것을 만든다. 장쑤성은 아이디어와 생기로 가득찬 지역이다.

인구 밀도는 국내 제1위이며, 세대별 실질 소득도 전국 1위이다. 생활이 여유로운 장쑤성인의 정신적인 충족감은 상당히 높다.

장쑤성 출신의 상사는 개인의 능력을 우선하는 가치관을 가지고 있으며, 부하를 잘 돌본다고 평가받고 있다. 남에게 폐쇄적인 의식을 갖지 않는다. 민주적이며, 화합을 좋아하기도 한다.

부하의 경우는 근면 성실하게 일한다. 어찌되었든 행동으로 옮긴다. 어느 정도 작은 어려움은 대수롭지 않게 여기며 저돌적으로 돌진한다. 하지만, 장기적인 계획을 세우고 행동한 경우, 장애나 벽에 부딪치면 딱 멈춰서는 일도 있다.

여성은 '쑤저우 미인'이라고 정평이 나 있을 정도로 특히 아름답다. 그녀들의 패션 감각, 화장술은 경탄에 가깝다. 아름다운 강남 산수의 혜택을 받아 다재다능하고 활달하며, 아담한 미인 타입이 많다.

장쑤성 사람들은 예부터 10왕조가 수도로 정한 '남쪽의 도시' 즉, 난징[南京]에 특히 자부심을 갖고 있다. 따라서 '베이징[北京]' '시안[西安]' '뤄양[洛陽]'이라는 말은 삼가는 것이 현명하다.

장쑤성의 주요 명소는, 난징의 중산링[中山陵, 중국의 혁명가 쑨원의 묘]·밍샤오링[明孝陵, 홍무제 주원장이 잠들어 있는 묘], 쑤저우의 쥐

상하이人, 홍콩人, 베이징人

정위안〔拙政園, 중국 4대 정원 중 하나. 명대의 어사 왕헌신이 말년에 관직에서 은퇴한 뒤 지은 정원〕·창랑팅〔滄浪亭, 중국 4대 정원 가운데 가장 오래된 정원으로 약 100여 년의 역사를 가진다〕·한산사〔寒山寺, 남조 시대에 지어진 사원〕·쉬엔먀오꾸〔玄妙觀, 서진(西晋) 때인 276년에 지어진 도교사원〕·류위안〔留園, 중국 4대 정원 중 하나로, 1525년에 만들어짐〕·후치우〔虎丘, 오나라 왕 합려의 묘〕, 우시의 타이후, 전장의 금산사(金山寺), 양저우의 대명사(大明寺), 롄윈강의 화궈산〔花果山〕 등이 있다.

장쑤 요리로는 쉬저우〔徐州〕의 자라요리 '패왕별희'가 명물이다.

광둥성
—유서 깊은 국제무역도시

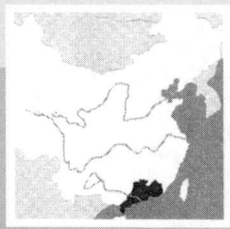

면적 17만 8000km²

인구 8642만 명

주요도시 광저우시(廣州市)

중요점 세계 화교·화인의 최대 출신지

한·당 시대부터 번성한 무역도시

남월족은 고대중국의 남방에 있던 '백월(百越)'이라 총칭하는 부족의 일부를 가리키며, 영남(嶺南) 광둥지역에 분포해 있었다고 한다. 기원전 214년, 진시황제가 정복한 후 수십만 대군을 주둔시켜 통치했고, 여기에 토박이 남월인이 더해져 자립적인 국가가 되었다. 광둥인의 대부분은 이런 혼혈아로, 남월족의 후예라고 할 수 있다.

기원전 111년에 한 무제에 의해 평정되어, 5대남한 시대를 거쳐 송대에 들어서자, 이 지역을 '광남동로(廣南東路)'라고 총칭했던

상하이人, 홍콩人, 베이징人

것이 후의 '광둥성〔廣東省〕'의 유래가 되었다.

광둥성은 한나라 이후 남해 무역항으로서 번영을 누렸는데, 7세기에는 최고 전성기를 맞이하여, 당나라 현종 시대에 광저우에 시박사〔市舶司, 해상무역 관계의 사무를 담당한 관청〕를 설치하고, 번방〔蕃坊〕이라 불린 외국인 거주지에는 멀리 페르시아, 아랍에서 건너온 상인들이 많이 머물고 있었다고 한다.

남송·원대에 인접한 촨저우항〔泉州港〕에 일시적으로 번영을 빼앗겼지만, 18세기 중엽, 청조의 건륭제가 쇄국정책을 강행, 무역항을 광저우 하나로 정한 이후, 1세기에 걸쳐 대외 무역을 독점했다. 또한, 광둥성은 아편전쟁과 쑨원이 이끈 신해혁명이 발발한 땅으로, 중국의 역사적 사건과 관련 깊은 지역이다.

남중국해에 접한 해안선은 실로 4300km나 되어, 중국 최고의 길이를 자랑한다. 예부터 비옥한 토지와 수량이 풍부한 주장〔珠江〕의 혜택으로 자원도 풍부하고, 많은 문인과 무인을 배출한 지역이기도 하다.

개혁·개방의 최첨단

전세계에 흩어져 있는 화상〔華商〕들의 최대 출신지가 바로 광둥성이다. 18세기 말, 정치의 혼란과 농촌의 몰락을 배경으로 많은 광둥인이 동남아시아 등 해외로 일자리를 구하기 위해 떠났다. 현재,

세계적으로 광둥계 화교의 수는 무려 2천만 명에 달하고 있다.

1980년대, 덩샤오핑이 제창한 개혁·개방 노선에 부응해 국내에서 유독 광둥성이 경제적으로 약진한 요인에는, 해외 사업에서 성공한 화교들이 고향에 적극적인 투자와 비즈니스 활동을 벌인 배경이 있었다. 특히 화셴(花縣), 반유이(番禺), 순더(順德), 차오저우(潮州), 푸닝(普寧), 제양(揭陽), 메이저우(梅州) 등 지역들은 화교 자본의 영향을 크게 받았다.

성도 광저우시(廣州市)는 예부터 국제무역도시로서 번영을 누려왔다. '중국혁명의 창(窓)'이라고도 불리고 있으며, 청조 타도를 외치던 민중 봉기, 중국 근대화를 꾀한 신해혁명의 진원지로서 유명하다. 신해혁명에 관련 있는 사적으로는 황화강(黃花崗) 72열사묘, 쑨원 기념관, 루쉰기념관이 있다.

또, 신생중국의 지도자가 된 마오쩌둥·저우언라이가 전쟁 전에 농민운동의 간부를 양성하는데 썼던 농민운동강습소 등도 있다.

현재의 광저우시는 중국 대외개방정책의 최첨단에 서서 경제 자유화를 도입하고 있다. 홍콩 등과의 제휴를 노리면서 화난경제권의 중심지로 성장하고 있다. 2000년 12월에는, 광저우시 톈허(天河)의 톈리(天利)광장에서 제1회 광저우·톈허 컴퓨터전시회가 열려, IBM, 마이크로소프트, 롄샹(聯想) 등 국내외 유명한 IT기업 20개 사가 참가했다.

톈허 전자상가는 연간 매출액 100억위안(약 1조5000억 원)을 넘

상하이人, 홍콩人, 베이징人

는 중국남부 최대의 전자상가로 활발한 거래가 이루어지는 곳이다.

난사〔南沙〕 지구를 세계적인 항만으로

개혁·개방의 파도를 타고, 중국 경제의 중심지가 되어온 광저우시 주장 삼각주 지구의 황푸항〔黃埔港〕은, 연간 화물취급량이 1~2억 톤에 달하는 중국 제2의 항구다. 세계적으로도 드문 1억 톤급의 거대항으로 알려져 있다. 당 시대부터 '바다의 실크로드'라고 불리며 번영을 누려왔지만, 해안가에 항구가 위치해 있는 탓에 최근에는 대형선박의 입항에 지장을 초래하고 있다.

일본의 전후(戰後) 고도경제성장기에 항만 정비에 성공한 도쿄만을 모델로 하여 앞으로는 외국기업과 적극적으로 제휴하고, 천연의 해안선이 펼쳐지는 난사지구를 근대적인 항만으로 개발하는 계획을 추진하고 있다.

대외 경제활동이 활발한 광둥성에는 미국, 서구 선진국, 홍콩, 동남아시아의 여러 나라 등 해외기업의 진출이 눈에 띄며, 일본 기업도 적극적으로 진출하고 있다. 혼다기연, 이스즈자동차, 미쓰비시전기, 히타치그룹, 오키전기공업, 가네마쓰, 도코, 세이코, 엡손, 교세라, 파이오니아, 도시바, 마쓰시타전기산업, 대일본잉크화학공업 등이 진출해 있다.

모험 · 상술에 뛰어난 광둥인

광둥 사람은 모험정신과 개척정신이 강하고, 정치와 동떨어진 이 야기나 공론을 싫어하는 경향이 있다. 상술과 두뇌 회전이 빠르고, 해외 지향적인 것이 특징이다. 작고 역삼각형의 얼굴이 많다. 이 마는 좁고 네모진 눈을 가지고 있다. 광대뼈가 튀어나오고 코도 높 다. 말할 때 눈썹이 자주 움직인다.

성격은 인내심이 강하고 사색형의 사람이 많다. 또 선견지명 이 있고, 냉정한 판단력에 의해 행동하며, 신중하고 입도 무거운 편이다. 진취적인 기상이 넘치고, 다른 사람에게 지배받는 것을 싫 어하며, 의심이 많다. 상대가 자신에 대해 직설적으로 말하거나 결 점을 지적받는 것을 극단적으로 싫어하며, 권위주의에 사로잡히지 않고, 자유인의 감각을 지니고 있다. 광둥인의 특성에 대해 중국에 서는 다음과 같이 평가한다.

'추구하는 것＝돈' '성격＝거칠다' '교육＝무관심' '동료의 식＝매우 강함' '식사＝거창' '복장＝화려' '이성과의 교제＝적극 적'……등이다.

유명인으로는 청조 태평천국운동의 지도자 홍수전(洪秀全),[5]

---

5 홍수전 : 1813~1864, 태평천국의 최고 지도자. 광둥성 客家 출신. 기독교 정신에 입각해 권 선징악과 인간의 평등함을 주장하며 빈농의 정신을 교화시킨 반면, 지배계급과는 충돌을 했 다. 1850년 廣西省 金田村에서 궐기, 민족주의 등을 외치며 태평천국을 수립하고, 53년 南京 을 점거하여 이곳을 수도로 삼고 天京이라 불렀다. 그러나 南京이 함락되자 자살했다.

중국혁명의 지도자 쑨원(孫文)[6] 중화민국의 학자 겸 정치가 양계초(梁啓超, 1873~1929), 청조 말기의 정치가 겸 학자 강유위(康有爲 1858~1927), 제12기 공산당 중앙정치국 상무위원 예젠잉(葉劍英), 중국공산당 중앙선전부장을 지낸 타오주(陶鑄), 제15기 당중앙정치국원 셰페이(謝非) 등이 있다.

세계를 주름잡는 화교 상술＝광동 상술

상업과 축재(蓄財)에 능한 광동인은 세계 어느 곳에나 존재하고 있다. 그들은 인내심이 강해, 무일푼으로 해외에 건너갔어도 자수성가하여 부를 쌓았다. 혈연·지연의 결속력이 단단하여, 서로에게 지원을 아끼지 않는다. "우리가 커야, 뒤이어 오는 사람을 키울 수 있다"는 발상 때문이다.

이른 아침부터 저녁 늦게까지 쉬지 않고 열심히 일한다. 상도를 철저히 지키고, 남의 말에 쉽게 흔들리지 않는다. 살 때는 악착같이 깎고, 팔 때는 되도록 손해보지 않는다. 박리다매로 상품의 회전율을 높인다. 서류 없이도 1억 엔의 돈을 빌려준다―이것은

6 쑨원 : 1866~1925, 중국혁명의 아버지. 三民主義를 제창하고, 1911년 辛亥革命을 일으켜 중화민국 임시정부를 세워 임시 대총통에 취임했으나 袁世凱에게 양도했다. 그후 원세개의 독재에 반항하여 제2혁명을 일으켰으나 실패, 일본으로 망명했다.

화교 상술이라기보다 광둥 상술이다.

하지만, 한 사람의 인간을 신용하는 데 10년 정도는 걸린다고 한다. 한번 믿고 인정하면 우정에 목숨을 건다. 만에 하나 그 신용이 무너지게 되면, 그저 어쩔 수 없는 일이라고 탁 털어버리는 배짱도 있다.

광둥인 상사는 냉정·침착하고, 변화에 따라 일을 처리하는 재능을 타고났다. 강한 의지와 용기를 가졌으며, 희로애락의 감정을 지나치게 겉으로 드러내지 않지만, 안으로는 강렬한 개성과 의지를 감추고 있다. 자존심이 강해 체면을 중시하는 독재형 상사다. 부하를 지도하는 경우에도, 한번 이야기를 시작하면 끝낼 줄 모르고 샛길로 빠지는 경우가 많기 때문에, 스스로 처음부터 일정한 거리를 두기도 한다.

부하의 경우는 최선을 다해 일하지만, 변덕스럽고 반항심이 강해, 일에 있어서 명령받는 것을 매우 싫어한다. 상사에 대해서도 비판적이고, 샐러리맨에게는 부적합한 '반항아' 혹은 앞에서는 복종하지만 뒤로는 반항하는 '면종복배(面從腹背)'의 타입이 많다. 그 한편으로, 대담한 발상과 행동력을 가지고 있어, 귀중한 인재로 인정받는 사람도 많다.

여성은 광둥 미인이라고 불리며, 감각적이고 세련미를 지니고 있다. 감정을 겉으로 잘 드러내지 않아, 기분을 파악하기가 어렵다. 연애도 몸이 아니라 머리로 한다. 두뇌가 명석하고 자존심이 강하다. 결혼하면 내조의 힘을 발휘하여, 살림에 최선을 다하는 타입이기도 하다.

광둥인은 화난〔華南〕 경제의 중심지에 산다는 강한 자부심을 가지고 있어, 베이징·상하이에 대한 대항의식이 매우 강하다. 북방인의 거친 언행은 싫어한다.

또한 "먹을 것은 광저우에 있다"고 할 정도로, 광둥요리는 중국요리의 대표적인 존재이다. 광저우·하카〔客家〕·차오저우〔潮州〕세 요리로 나뉜다. 어린 통돼지구이, 바오쯔(고기 만두), 슈마이(찐만두) 등의 간식류가 유명하다.

자존심이 강하기 때문에, 조잡한 음식과 동일시한 "뭐든지 잘 먹는 광둥인"이라는 말은 금물이다. 특산물로 단시〔端溪〕의 벼루, 스완〔石灣〕의 도자기, 종이공작 등이 있다.

福建省

푸젠성

—당신의 선조는 이곳에서 왔다?

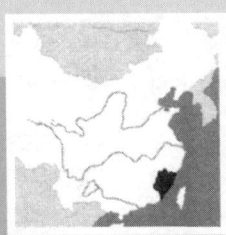

면적 12만km²

인구 3471만 명

주요도시 푸저우시(福州市)

중요점 중국 두 번째 화교의 고향

모험심 왕성한 화교의 고향

푸젠성은 동중국해에 접해 있고, 해협을 사이에 두고 타이완과 마주보고 있다. 성 전체 면적의 75%가 산지로 덮여 있고, 구릉지대는 15%, 평야는 고작 10%에 지나지 않는다. 해안선이 3324km나 되며, 광둥성 다음으로 해안선이 긴 성이다.

굴곡이 심한 리아스식 해안에는 항구가 많아, 불편한 육상교통과는 대조적으로 해상교통의 혜택을 받고 있다. 기후도 아열대 해양성 몬순기후에 속하여, 연평균 17~21도의 온난한 토지이다.

상하이人, 홍콩人, 베이징人

예부터 화난(華南)에는 대외 무역항이 몇 군데나 있어, 일본이나 동남아시아와의 교역에는 역사가 깊다. 약칭 민(閩)이라 부르며, 한나라 때는 민월족이 통치했다. 진시황제가 기원전 221년 중국을 통일하기 이전에, 양쯔강 이남에서 베트남 북부에 걸쳐 넓게 거주하던 고대 월족의 일파라고 한다.

긴 전란이 이어진 위 · 진 · 남북조시대에, 중원에 있던 한족이 난을 피해 대거 푸젠으로 이주하여 한족과의 문화교류도 왕성해졌다. 당나라 때 푸저우, 젠저우, 취안저우(泉州) 등 다섯 주가 설치되어, 푸저우와 젠저우를 합쳐 '푸젠'이라 부르게 되었다. 성도는 푸저우(福州)이다.

청조 말기 아편전쟁 후, 난징조약으로 광저우, 샤먼(廈門), 닝보, 상하이와 함께 개항된 푸저우의 마이항(馬尾港)은, 푸저우시가 1980년에 경제개발구로 지정된 이후, 대외무역과 관광의 창구로 발전해왔다.

송나라 때, 무역사무를 관할하는 관청 시박사가 설치된 항구도시 취안저우시(泉州市)는, 바다의 실크로드의 기점으로서 세계 최대의 무역항으로 번영을 누렸다.

원나라 때, 취안저우를 방문했던 이탈리아 상인 마르코 폴로는 '제2의 베니스'라고 찬사를 보냈다. 명나라 때의 해상 교역을 금지하는 정책으로 인해, 해운 · 무역을 생업으로 여기던 푸젠인은 큰 타격을 입었다.

이것은 후에 푸젠인이 화교가 되어 타이완, 동남아시아로 이주하거나, 동중국해 부근에서 밀무역과 해적 행위를 하는 계기가 되었다. 여기에 일본의 왜구도 가세하여, 푸젠 근방을 황폐화시킨 역사가 있다.

푸젠성의 명물로 잘 알려져 있는 것이 우롱차다. 차 생산량는 전국 제1위이며, 특히 성 북부의 우이산〔武夷山〕에서 생산되는 우이암차〔武夷岩茶〕와 안씨〔安溪〕의 철관음(鐵觀音) 차가 고급차로 알려져 있다. 색, 향, 맛 가운데 향에 중점을 두어, 차주전자를 이용해 마시는 '공부차'는, 향기를 즐길 수 있어 최고이다.

또한, 푸젠요리는 중국 8대 요리 중 하나이며, 남국 풍미의 부드러운 맛으로 해산물을 사용한 조리법이 특징이다. 상어지느러미 등 산해진미를 토기에 담아 밀폐한 뒤 소흥주(紹興酒)로 끓여낸 불도장(佛跳墻)이 대표요리다.

푸젠성 출신의 화교, 810만 명

푸젠성의 풍토와 자연환경은 '개방적인 세계'와 대륙의 전원습관을 유지하면서도, 바다를 통해 세계와 이어지는 남국이라는 점이 특징이다. 이민족의 대규모적인 침입과 정복을 피해 도망쳐온 푸젠성 사람은, 모험심이 왕성하고 인내심이 강하다. 신·부처·자연을 두려워하지도 않고, 당당히 해외로 진출했다.

화교는 광둥성에 이어 두 번째로 많은 약 810만 명 가량이다.

특히 인도네시아, 말레이시아, 필리핀, 싱가포르 등 동남아시아에 집중해 있다. 또, 청나라 때는 남부 연해의 샤먼 사람들이 대거 타이완으로 이주해, 현재 타이완 주민의 대부분은 푸젠성 이주개척민의 후예이다.

푸젠성의 방언은 남부 샤먼, 장저우, 취안저우를 중심으로 한 민남(閩南)방언과, 푸저우를 중심으로 한 민동(閩東)방언으로 나뉜다. "십리마다 말이 다르다"고 할 정도로 차이가 크며, 민남방언은 타이완이나 동남아시아의 화교 사이에서 사용되고 있다.

세계를 움직이는 거대재벌 화교 중에도 이 푸젠성 출신자가 많고, 군인이나 상인을 많이 배출했다. 정치 쪽으로 화려한 경력의 소유자는 적지만, 넓은 시야를 가지고 세상을 판단할 줄 아는 기개가 있다.

푸젠성 출신의 유명인으로는, 명조 말기의 사상가 이지(李贄), 명조의 해상 세력의 실력자 정성공(鄭成功), 청나라의 정치가 임칙서(林則徐),[7] 싱가포르의 실업가 진가경(陳嘉庚), 여류작가 셰빙신(謝心), 인도네시아의 실업가 린싸오량(林紹良) 등을 배출했다.

푸젠성 사람은 흔히 '민남인'이라 불리는데, 얼굴 윤곽은 좀 길지만, 볼과 턱이 불룩 나온 편이다. 잘 발달한 작은 코, 꽉 다문

---

[7] 임칙서 : 1785~1850, 아편 엄금론자. 영국 상인에게 아편 인도를 명하였으나 이행되지 않자 무역 단절 등 강경 수단으로 굴복시키고 아편 2만 상자를 압수, 폐기하였다. 영국에 대한 강경 정책은 아편전쟁으로 발전했고, 그는 필사적으로 싸웠으나 淸朝의 온건정책으로 좌천되었다.

큰 입이 특징이다. 독립심, 상술, 진취적인 기상이 풍부하고 생활력이 강하다.

푸젠성 사람에 대해 중국식 표현을 쓰자면 "근면하지만 보수적이지 않고, 용감하지만 경솔하지 않다". 원래 푸젠의 농민이나 어민들은 개척정신이 강해, 고향을 떠나 바다를 건너 신대륙을 찾아다녔다.

세계 각지의 차이나타운에서 활약하는 화교의 대부분은 푸젠성 사람이다. 일본의 규슈, 시코쿠, 주코쿠 지방에 가보면 청천(淸川), 팽성(澎城), 하문(河門) 등의 이름·지명을 발견할 수 있는데, 이것은 푸젠성을 고향이나 발상지로 삼고 있다는 것을 뜻한다.

동시에 규슈·오키나와 등 일본 남부의 풍속과 습관 등에서 비슷한 것이 남아 있는데, 옛 중국의 푸젠지방과 일본의 남부지방이 민족적인 교류가 있었음을 상징하는 것이다.

일본기업으로는, 브라운관 전용유리를 생산하는 일본전기유리, 종합상사인 스미토모, AV기기의 니혼빅터, 종합전기의 히타치 그룹 등이 진출해 있다.

견실한 푸젠 상법

예부터 무역항과 남국의 산천을 지닌 푸젠성은, 지리적으로 혜택을 받으며, 경제도 다른 성보다 발달했다. 예전에는 해군을 많이 배출하여 '해군의 푸젠'이라고 불렸으며, 또 상술에도 능한 민남인이 세계적으로 활약한 것에서 '상인의 탄생지'라고도 불렸다.

해외로 나간 경우, 푸젠성 출신자들은 집단을 결성한다. 민남어를 사용하고, 같은 생활방식을 유지하는 것이다. 처음에는 음식점이나 여관업, 피혁업 등의 노동일에 진출하는 경우가 많다. 거기에서 착실히 돈을 모아, 견실한 사업을 시작하는 것이다. 거래의 경우, 지나치게 세밀한 조건을 붙인 교섭은 싫어하며, 계약 후에 손해를 보았을 때에는 철저하게 구실을 만들어 배상을 받는다. 본질은 진실하여, 남부의 다른 성 사람보다 신뢰성이 있다.

상사의 경우, 책임감이 강하고 일에 열정을 가지고 있다. 특히 주목할 만한 것이, 그들은 평소 너무 신중해서 행동력은 떨어지지만, 한번 행동으로 옮기면 매우 스케일이 크다는 점이다. 실질적으로 이익이 되지 않는 일에는 가치를 두지 않기 때문에, 아부나 아첨 따위는 통하지 않는다.

부하의 경우는 실천력과 근성이 있다. 일에 전력을 다하며, 임기응변에 능하다. 출세욕이 강하기 때문에, 잘 키우면 큰 인재가 될 수 있다. 책임감이 강하고, 남에게 지는 것을 싫어하기 때문에, 라이벌과 경쟁시키면 전력을 다해 싸운다.

여성은 지성이 풍부할 뿐만 아니라, 성격도 온화하여 남성에게 인기가 좋다. 남존여비의 습성은 그다지 강하지 않다. 결혼 후 맞벌이를 할 경우, 가정과 직장을 잘 꾸려나갈 수 있다. 생활은 검소한 편이고, 내조를 잘해 흔히들 말하는 현모양처 타입의 여성이 많다.

강렬한 향토의식이 있어 '오랑캐'라는 식의 모멸적인 말은 금물이다.

주요 명소나 사적으로 취안저우시의 개원사(開元寺, 당나라 때 각 주군에 건립된 관립 사찰), 해외교통사박물관, 중국 최고의 이슬람 사원인 청정사(淸淨寺), 천후궁(天后宮, 배의 순행을 돌봐준다는 묘), 푸저우시의 고산(鼓山) · 용천사(湧泉寺), 샤먼시의 남보타사(南普陀寺), 융딩현〔永定縣〕하카(客家, 외래 이주자로서 토착민과 구별되고 있다)의 토루(土樓) 등이 있다.

특산품은 푸저우시의 탈태칠기(脫胎漆器), 종이우산, 장저우시의 편자광(片仔廣, 감염 등을 치료하는 약) 등이 유명하다.

하이난성

—중국의 하와이, 경제특별구

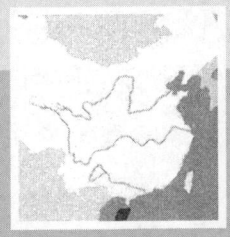

면적 3만4000km²

인구 787만 명

주요도시 하이커우시(海口市)

중요점 중국의 신 리조트지

관광 리조트지로 약진중

하이난성은 중국 최남단인 하이난섬에 위치하며, 국토 면적은 3만 4000km². 타이완의 4분의 3 정도로 주변에 시샤(西沙)·난샤(南沙)·중샤(中沙) 등 여러 섬이 있다.

중국에서 유일하게 열대 몬순·해양기후에 속하며, 하와이와 같은 위도에 있어 '중국의 하와이'라고 불린다. 1988년 4월에 광 둥성으로부터 독립하여, 31번째의 성으로 승격한 경제특별구이다. 최근에는 관광 행정에 주력하여, 많은 관광객이 방문하고 있다.

바다에 접한 지역이라 먹을 것이 풍부하고 해산물 요리가 일품이다. 또, 커피 등 열대식물의 보고이다. 앞으로는 관광도시, 리조트지로서 크게 발전할 것으로 기대하고 있다.

하이난섬은 고대부터 백월계(百越系) 원주민이 거주하며, 독자적인 민족문화를 형성해왔다. 현재 인구는 약 787만 명으로, 나중에 건너온 한족이 80%를 차지한다. 소수민족인 리족, 먀오족〔苗族〕, 쫭족〔壯族〕도 있다. 약 81만 명인 리족은 백월계 낙월족(駱越族)의 후예라고 한다. 지금도 리족의 노인들 사이에는 얼굴에 문신을 하거나, 닭뼈로 점을 치는 '계복(鷄卜)' 등의 고대 풍습이 남아 있다.

'귀성(鬼城)'이라 불린 외딴섬

예전 하이난섬은 대륙 주민에게 '영남(嶺南)'이라 불리며, 아열대계 오랑캐가 사는 '귀성'으로 여겨져 두려움의 존재였다. 특히 섬 중심부에 우뚝 솟은 해발 1867미터의 우즈산〔五指山〕 부근은 위험지대로 오해받아 왔다. 대륙과의 교통이 불편하여 격리된 상태에 있고, 장장 수백 킬로미터나 이어지는 고온다습한 원시림에는 뱀이나 벌레, 맹수들이 득실거려, 전염병이 발생하기 쉬웠기 때문이다.

한편, 봉건 지배자에게 있어서 이 '귀성'은, 반역자나 정적을 축출하는 데 더없이 적합한 곳이었다. 당 시대 재상으로 임명받은 정치가 이덕유(李德裕), 송 시대에 민생안정에 애썼지만 간계에 패

상하이人, 홍콩人, 베이징人

한 재상 이강(李綱), 역시 송 시대의 정치가 겸 시인 소동파(蘇東坡)가
유배생활을 했었다.

섬의 발전에 공헌한 위대한 업적들

하지만 이덕유, 이강, 소동파 모두 불우한 유배자의 신세가 되었음
에도 불구하고, '귀성'의 땅에서 대륙시대의 정치적 경험을 살려,
이 지역의 산업·문화사업의 부흥에 전력을 다해, 지역민으로부터
존경의 대상이 되었다. 현재의 성도 하이커우시에는 후세 사람들
이 그들의 공적을 찬양하여 세운, 소동파를 기념한 소공사(蘇公祠)
와 이덕유·이강 등을 기린 하이난 제1루(五公祠)가 있다.

　　'귀성'이라 불리면서도 당·송 시대를 통해 중국 화난(華南)
지역의 해상교통의 요충지가 되어, 동아시아·아라비아 무역선의
정박지로 이용되었다. 중일전쟁 때에는 일본군이 한때 군사거점으
로 점령했다. 옛날 한·당·송 시대에 하이난섬에 건너간 한민족
은 해안가의 푸젠성, 광둥성, 하카인이 대부분이었다. 일반적으로
쓰이는 하이난어는 푸젠어를 기초로 하고 있다.

　　푸젠인, 광둥인과 같이 해외로 돈벌이에 나선 사람이 많아, 동
남아시아에서 활약하는 5대 화교·화인의 하나가 바로 하이난인
이다.

　　하이난섬 출신의 주요 인물로는, 명대의 정치가 해서(海瑞), 제

12기 공산당 중앙정치국위원 쑹런충[宋任窮], 중국 근대정치경제에 영향을 끼친 송 3자매 쑹어링[宋靄齡], 쑹칭링[宋慶齡, 쑨원의 부인], 쑹메링[宋美齡, 장제스의 부인] 등이 있다.

────────하이난섬 화교가 고향에 자본을 투자

중국의 하와이 하이난섬의 기후는 지리적으로 열대지역에 속하며, 산악·원시림지대를 이용한 고무, 야자, 커피, 바나나, 망고, 파인애플, 후추 등의 남국식물 재배가 왕성하여 지역산업의 특산품이 되고 있다. 광둥성으로부터 독립하여 성으로 승격한 1988년 이후는 하이난성 출신 화교들의 투자도 활발하여, 농경지 개발이나 관광 리조트 개발 촉진에 큰 역할을 하고 있다.

최근, 특히 해안 리조트 개발에 힘을 쏟고 있는 것이 남중국해에 접한 대동해만, 아룽만 연안의 싼야시[三亞市]이다. 인구 약 40만 명이 살고 있다. 748년, 당나라의 고승 감진화상(鑑眞和上)[8]이 다섯 번째로 일본 도항을 시도했을 때, 폭풍우를 만나 표류하다가 정착한 땅이기도 하다.

---

8 감진화상 : 688~763, 당의 학승으로 일본 율종의 시조. 조각 양식과 약초에 대한 지식을 소개한 공적도 크다.

고승 감진화상의 표착지

바닷가 공원 해산기관(海山奇觀)에는 감진화상의 표착을 기념한 다섯 명의 석상이 상록수에 둘러싸인 채 바다를 향해 세워져 있다. 쌴야시 내의 남산사(南山寺)는 감진화상이 1년 남짓 머문 대운사(大雲寺)를 계승하여 건립되었다. 광대한 정원 관광지이기도 하다.

대동해만, 아룡만의 해안선에는 에메랄드 빛깔의 따뜻한 바다가 펼쳐져, 일년 내내 해수욕과 수상 스키를 즐길 수 있다. 연간 평균 기온이 25도, 늘 여름 같은 섬, 말 그대로 중국의 하와이다. 1999년, 하이난성 정부의 수질환경조사 자료에 따르면, 이 섬의 수질은 쿠바의 아바나 다음으로 오염도가 낮다는 결과가 나왔다. 섬에서 가장 아름다운 아룡해수욕장 해변은 그 길이가 무려 8킬로미터에 이르고 있다. 내륙부에는 벼 삼모작을 하는 전원풍경이 펼쳐져 있고, 물 속 생물들이 논두렁길을 느긋하게 가로질러 가는 풍경이 가히 목가적이다.

하이난섬의 일품 해산물 요리

또 하나 자랑할 만한 것이, 근해에서 잡은 어패류를 산 채로 조리하는 해산물 요리이다. 하이난섬의 독특한 조리법으로 새우 · 도미 · 오징어 · 전복 · 상어 등 풍부한 해산물을 관광객에게 제공하는 싼야시의 레스토랑들은 매우 인기 있다. 2001년 중국의 WTO 가입 후, 남부 싼야시에는 외국에서 투자하는 호텔 건설계획이 추진중이며, 앞으로도 여러 부문에서 외자 참여가 예상된다. 자연의 혜택을 풍부하게 받고 있는 하이난섬은, 장차 미국의 하와이처럼 대형 비치 리조트로 발전할 가능성이 크다.

중국 본토에서는 연간 600만 명이 방문하고 있으며, 외국 관광객은 아직 그 수가 적다. 앞으로의 전망대로라면 중국의 신 리조트지로서 여행을 좋아하는 외국인들에게 인기 있는 관광지가 될 것이다.

일본 기업으로는 토지개발 등으로 구마가야구미가 진출해 있고, 자동차에서 이스즈 등이 웨건 차를 생산중이다.

순박하고 우직한 섬주민 기질

옛날에는 하이난섬 근해에 해적이 빈번히 출몰하여, 막대한 피해를 입었다고 한다. 그 때문에 언뜻 보기에는 부드러운 듯하지만, 그 이면에는 대륙계 주민에 대해 강한 경계심이 있어, 보기보다 가까이하기 어렵다.

하지만, 산간 주민은 순박하고, 인정도 많다. 턱이 가늘어, 흔히 말하는 역삼각형 얼굴이며, 광대뼈가 튀어나오고, 눈이 가늘다. 소수민족인 후이족[回族]과 매우 비슷하지만, 키는 그다지 크지 않

상하이人, 홍콩人, 베이징人

다. 남성이나 여성이나 성격이 온순하다.

지리적·역사적 특성에서 남국의 이미지가 강하지만, 하이난섬 사람은 매우 얌전한 편이다. 그 온순함은 종종 소박, 순박 혹은 인정미 있다고 여겨지지만, 반대로 우직하다고 볼 수도 있다. 대륙 본토인들은 하이난인을 따분하고 소극적인 이미지로 받아들여, "그저 그렇게, 천천히"라는 말로 놀릴 정도이다.

낙천적인 하이난 상술

하이난섬 사람들은 사업에 그다지 열성을 보이지는 않는다. 느긋하고 의존심이 강하다. 예부터 '남만걸식(南蠻乞食)'이라는 말이 있다. 어찌되었든 빌어먹기만 하면 된다는 낙천적인 성격 때문에, 거래를 할 경우 원하는 결과가 나올 때까지 매우 애를 먹는다.

앞으로는 철두철미하게 '관광입국의 정신'을 고수해야 한다. 왜냐하면, 관광은 지역에 외화를 벌어다주기 때문이다. 홍콩·타이완·마카오는 이미 번영의 한계에 다다르고 있지만, 하이난섬은 아직 발전의 여지가 남아 있다. 상술에 능한 광둥·타이완·홍콩 상인들과 하이난섬 상인이 뭉치면, 동남아시아·대륙·세계를 잇는 금융·정보·유통의 일대 센터로서 비약적인 발전을 도모할 수 있다.

직장 상사인 경우, 사회의 때가 묻지 않은 자유로움을 엿볼 수 있다. 동시에 혈연이나 지연 관계에 엮이면 폐쇄성을 가진다. 승진에 대한 의욕이 별로 없고, 대륙에서 온 사람들에게 발탁되어 편하게 지내고 싶다는 의식이 강하다.

부하인 경우는 동료와의 대결을 피하고, 융화와 관용을 존중한다. 일을 하는데 있어서 긴장감이 떨어지고, 끈기있게 과제를 완수하는 자세가 부족하다. '그저 그렇게' 느긋하다. 이런 점 때문에 하이난섬 사람들은 똑 부러지지 못하다고 오해받는 것이다.

여성은 성격적으로 심지가 굳은 편이다. 해양민족의 습성으로서 맞벌이가 정착되어 있고, 남의 눈을 신경 쓰지 않고 열심히 남성을 리드하며 '내조의 힘'을 발휘하기도 한다.

남성은 '여성스러운' 면이 강해, 천하를 논하며 거드름을 피우지만 본질은 정이 많고, 실제로 가정을 이끌어 나가는 것은 여성이다. 하이난섬의 남성은 여성의 리드가 없으면 아무것도 할 수 없는 듯하다.

대륙 본토로부터 몇 차례의 침략을 받았기 때문에, 본토인을 추켜세우면 그들의 민족의식에 상처를 입히게 된다.

하이난섬의 주요 명소·사적으로는, 하이커우〔海口〕 공원, 쑤잉〔秀英〕 해변유원지, 오공사〔五公祠〕, 싼야 해변, 먀오족 마을, 싱룽〔興隆〕 온천, 하이난 민속박물관 등이 있다.

신지앙 위구르 자치구

─이국 정서와 유목민의 후예

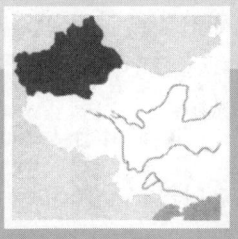

면적 166km²

인구 1718만 명

주요도시 우루무치시

중요점 소수 이민족의 도가니

반한(反漢) 민족의식이 강한 자치구

신지앙(新疆)이란, 1780년대 청의 건륭제 시대에 이 땅이 평정되어, 새로운(新) 강토(疆)라고 명명한 데서 유래한 이름이다. 자치구의 수도는 우루무치. 인구는 약 1718만 명. 옛날에는 실크로드의 중요 거점이었다.

현재, 유럽으로 직통 유러시아 철도가 개통되어 있다. 토산품인 양고기 등의 식품을 대도시로 운반하고 있는데, 전국에서 팔리는 양고기 꼬치구이의 대부분은 신지앙 위구르 자치구에서 생산된 것이다. 또, 한방약도 많이 생산하고 있다.

신지앙 사람은 대초원에서 자란 민족으로서 낭만은 있지만, 성격은 좀 거친 편이다.

중국 해방 후에 한족의 식민지로 있어서, 토박이 소수민족은 위기감을 갖고 살았기 때문에, 현재도 한족에 대한 반발 감정과 민족독립운동의 불씨가 남아 있는 지역이다.

토박이 소수민족은 예부터 돈에 대한 애착이 없어, 재산을 모은다는 관념이 없고, 돈 씀씀이가 헤프다. "하룻밤 넘긴 돈은 갖고 있지 않는다"라며 그날 다 써버리는 식이다. 비즈니스 거래에서도 약속한 일을 지키지 않는 사람이 많아, 사업에는 영 재주가 없다. 한 가족의 이름도 선조 대대로 같은 이름을 반복해서 사용할 정도이다. 대자연을 배경으로 두고 있어선지, 돈은 없지만 생활에 대해서는 우월감을 가지고 있다. 신지앙 위구르 자치구에서는 도시적인 비즈니스를 기대하기는 힘들다.

중국의 최북부에 위치하며, 국내 총면적의 6분의 1을 차지한다. 몽골, 러시아, 카자흐스탄, 키르기스, 타지키스탄, 파키스탄, 인도 등 7개국과 인접해 있고, 그 경계선은 5700km에 달한다.

중앙아시아의 사막·초원·고원지대에 속하며, 역사상 동서교류와 무역에 중요한 위치를 차지한 실크로드 루트에 속해 있어 세계적으로도 이름을 떨쳐왔다. 북쪽으로 알타이산맥, 남쪽으로 쿤룬산맥과 연결되어 있고, 서쪽에 파미르고원이 웅대하게 펼쳐져 있다. 타림천 등 대부분이 바다로 흐르지 않는 내륙 하천이고, 로프노

상하이人, 홍콩人, 베이징人

르 호수는 중국 최대의 바닷물이 유입되는 호수로 알려져 있다.

옛날 실크로드의 요지였던 투루판 분지는 해발 155미터로 중국 내에서 가장 낮은 곳이다. 대륙성 건조기후로 기온의 변화가 심한데, 특히 투루판의 여름은 강렬하여 과거에 섭씨 48도를 기록한 적도 있다.

13개의 소수민족이 동거

위구르족, 카자흐족, 키르기스족, 체르크족 등 13개의 소수민족이 거주하며, 그중에서도 위구르족이 인구의 45%를 차지하고 있어 가장 많다. 위구르란 '단결' '연합'을 의미한다.

위구르족은 옛 투르크계의 민족으로, 몽골 북부의 바이칼호로 흘러 들어가는 세렌가강에 부족을 이룬 유목민의 나라 돌궐의 지배하에 있었다.

돌궐인 안록산(安祿山)[9]이 당나라 조정 내에서 실력을 키워, 왕조를 점령하려는 계략을 꾸몄을 때, 위구르족은 당을 도와 서역을 눌렀다. 그리고, 몽골 초원에 회회한국(回繪汗國)을 건국했다. 그후

---

9 안록산 : ?~757, 安史의 난 주모자. 여러 언어에 능통하여 무역담당관이 되었다. 그후 변방 중요책을 편 당 현종의 총애를 받아 세 지역 절도사를 역임하였고, 양귀비에게 접근하여 권세를 잡으려다가 실패하였다.

당으로부터 책봉을 받아 '위구르'라고 개명했다.

위구르족은 이슬람교가 침투해오자, 그때까지 불교였던 종파를 개종하고 만다. 지금은 완전히 이슬람국가가 되어 있다.

1955년 수도가 된 우루무치는 위구르어로 '아름다운 목장'이라는 뜻이다. 90년대에 내륙 개발도시로 지정되어, 란저우—우루무치를 잇는 간선철도인 난신선(蘭新線)을 통해 베이징·상하이와 연결되고 있다.

현재, 카자흐스탄의 옛 수도 마르마투와 북강선(北疆線)이 개통된 뒤, 중국—중앙아시아—유럽 간의 유라시아 철도와, 장쑤성·롄윈항과 네덜란드의 항만도시인 로테르담 사이를 잇는 세계 최장 거리 철도의 개통이 실현되었다.

뜨거운 사막 가운데 있는 오아시스 도시가 투루판시다. 우루무치에서 동남쪽으로 170km 떨어진 투루판 분지 내에 있다. 까오창(高昌) 고성, 아스타나 고분군, 베제크리크 천불동 등 실크로드 지대에서 가장 유적이 많은 곳으로 알려져 있다.

시의 상징은 〈서유기〉에서 손오공의 활약으로 유명해진 화염산(火焰山)이다. 가혹한 자연환경 속에서 적갈색의 벌거숭이산은 풀한 포기 없이 쩍쩍 갈라져 있다. 한여름에는 지온이 80도 이상이나 된다. 신지앙 위구르 자치구는 전체적으로 지질이 건조지대여서, 연중 물 부족에 시달리고 있다.

지역의 물 부족 대책으로 이용되어 온 것이 '감아정(坎兒井, 카레즈)'이다. 톈산산맥, 타크라마칸 사막 등의 땅속을 흐르는 눈 녹은

물을 빨아올리도록 우물을 여러 군데 판 후, 땅속을 가로로 뚫어 지하수 길을 만들어 오아시스에 끌어들이는 시스템이다. 감아정 덕분에 투루판은 세계에서도 손꼽힐 만한 포도 산지가 되었다. 그외 수박, 목화의 명산지로도 알려져 있다. 실크로드 붐이 일면서 관광객도 늘긴 했지만, 진출 기업은 맥주회사인 삿포로맥주, 태양전지를 생산하는 교세라 등으로, 다른 성과 비교하면 아직 미미하다.

키르기스, 타지키스탄, 파키스탄 국경에 인접한 서쪽 끝 지역 카슈가르시는, 예부터 실크로드의 요충지로 동서교역의 중심지였다. 이슬람 문화의 흔적을 남긴 에이티가르 사원은 국내 최대의 이슬람 사원으로, 이슬람교도의 예배일에는 수천 명의 신자가 몰려들어 그 열기가 매우 뜨겁다고 한다.

활발하고 낙천적인 기마민족 기질

위구르인은 희고 갸름한 얼굴이 특징이다. 눈은 둥글고 움푹 들어갔으며, 볼이 튀어나오고 코는 건강해 보이는 2단코, 콧구멍은 옆으로 넓다. 입은 큰 편이다.

이것은 실크로드의 투르크계 타입이다. 위구르는 한나라 시대 이후, 서역으로부터 흘러들어온 이민족으로, 한족에게 큰 영향을 준 것과 동시에 그들 자신도 한족 속에 섞이게 되었다. 한족도 오랜 정복 과정에서 이 이민족과 섞여 혼혈을 이루었다고 한다.

신지앙 사람은 기마민족으로 성격은 활발하고 낙천적이다. 지능적으로도 뛰어나고, 민첩하며, 서비스 정신이 왕성하고 게다가 적극적이다.

하지만 유목생활이라는 거친 환경 속에서 자란 그들은 성질이 급하고 감정의 변화도 심하다. 주체성이 부족하고, 마음이 잘 흔들린다. 시선에 침착함이 없다. 판단력이 결여된 부분이 있어, 무슨 일에든 한쪽으로 치우치는 경향이 있다. 사람의 선의를 믿지 않으며, 쉽게 배신하는 일도 잦다.

조잡하고 거친 위구르 상술

유목민의 성격상 서로 도움을 주고받고, 의사 소통은 가능하지만, 서로 믿는 일은 거의 불가능하다. 서역에서 건너온 소수민족에게는, 한족에게서 볼 수 있는 혈연, 지연이라는 결속력을 좀처럼 찾아보기 힘들다. 거래에 있어서도 서역 상인의 악습이 지금도 남아 있다. 가격을 지나치게 깎아내리고, 성격이 거칠어 약간의 의견 차이에도 불같이 화를 낸다. "재산이 많은 자가 귀족이며, 신분에 의한 귀천은 없다"는 사고방식이며, 때로는 거래에서 사람을 속이는 일도 있다.

돈 씀씀이는 꽤 헤프지만, 이상하게 돈은 계속 들어온다. 들어보니 위그르인들에게 돈을 떼였다는 사람이 상당수 있었다. 공사

상하이人, 홍콩人, 베이징人

구별도 흐릿하여, 공적인 돈을 사적으로 쓰는 일도 허다하다. 돈에 인색하고, 의리나 인정미가 부족하지만, 형식에 얽매이지 않는 자유로운 성격과 서글서글하고 솔직하다는 특징도 가지고 있다.

위구르인은 사회생활을 위해서는 다른 사람과의 '관계'가 중요하다는 의식을 이해하지 못한다. '조직'이라는 개념이 없어, 상사는 부하를 들들 볶는다. 맹목적으로 행동하고, 맹목적으로 나아가고, 맹목적으로 믿는 것이 특징이며, 계획성이 부족하고, 위기의식이 거의 없다.

부하의 경우는 일반적으로 예의바르고 일에 열심이다. 그 대신 협조나 타협하는 일에 서툴러, 극에서 극으로 치닫는 경향이 있다. 상사와 마찬가지로 조직에 얽매이는 것을 매우 싫어한다. 한 마리의 늑대처럼 자유롭게 살고 싶어하며, 직업도 투쟁적인 것을 선택한다. 언행일치가 안 된다는 단점이 있다.

여성의 경우는 성격적으로 로맨틱하고, 정열적이며, 개방적이어서 첫눈에 반하기 쉽다. 바람기 많은 성격이라 이혼율은 중국내에서 가장 높다. 향락을 추구하는 경향이 강하여, 결혼해도 알뜰하게 살지 않고 생활을 즐기는 데만 열심이다. 손이 커서 배짱이 좋은 반면, 돈 씀씀이가 헤픈 사람이 많은 것도 특징이다.

위구르인은 민족애가 강하여, 한족에 대한 저항감 또한 강하게 갖고 있다. 모르는 사이에 자존심이 상해 원한을 품기도 하고, 때로는 폭력을 휘두르기도 한다. 위구르인 앞에서 한족을 추켜세우는 것은 금물이다.

河北省

허베이성

—도전하기 좋은 곳

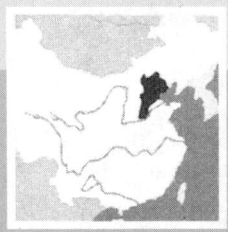

면적 18만 7700km²

인구 6744만 명

주요도시 스자좡시(石家莊市)

중요점 용맹과감한 이민족 기질

이민족과의 혼혈의 후예

허베이성은 예부터 이민족이 지배한 지역으로, 한족과 만주족 등의 혼혈이 많은 땅이다.

　신체적으로도 이민족의 특징을 이어받은 사람이 많다. 또, 만주족이 지배한 청조시대에는 남성은 환관, 여성은 황제의 첩이 된 경우가 많았다. 예부터 허베이성 사람은 인내심이 강하고, 의리가 있으며, 용감했다.

　동시에 아부를 잘하는 사람도 많다. 허베이성 내에 수도 베이

상하이人, 홍콩人, 베이징人

징시와 중앙직할시인 톈진시가 있는데, 이런 대도시와 비교해 자랑할 만한 것이 별로 없어 열등감을 갖고 있다.

1949년 신중국이 세워진 후, 초기에 성도였던 바오딩시〔保定市〕 남성들은 경비원이나 심부름꾼 같은 일에 종사하는 사람이 많았다. 어떤 의미에서는 인내심이 강하지만, 개성이 없다고도 할 수 있다. 주인에게 아부하는 하인의 입장인 사람이 많다. 약삭빠른 면과 완고한 면이라는 양극단의 이미지를 갖고 있으며, 또 융통성이 없는 것도 특징이다.

상담을 할 때도 표면적으로는 상대에게 굽신거리지만, 의외로 상술에 능하다. 허베이성 사람과 거래할 경우, 이 점을 간과하면 상담에 실패하기 쉽다. 현재의 성도는 내륙부에 있는 스자좡시〔石家莊市〕이다. 1967년에 톈진시가 중앙직할시로 지정되어 성도가 되었다. 징광선(京廣線)·스타이선(石太線)·스더선(石德線) 세 철도가 교차하는 교통의 요충지이며 면방직공업의 중심지다. 스자좡시는 중국 최대의 항생물질제약회사인 화베이 약창이 유명하다.

보하이만〔渤海灣〕에 면해 있고, 랴오닝성과의 경계에 가까운 친황다오시〔秦皇島市〕는, 1984년에 연해개방도시로 지정되어 중국 최대의 석탄 수출항으로 알려지기 시작했다.

만리장성의 동쪽 끝 성 경계선 부근, 거친 자연미를 그대로 살린 산하이관〔山海關〕에 피서지로 유명한 베이따이허〔北戴河〕가 있어, 매년 여름에는 공산당 중앙간부들이 모여 중요회의를 열고 있다.

톈진 북쪽 약 100km 지점에 위치한 카이롼 탄광이 있는 탕산시〔唐山市〕 일대에서는, 1976년 7월 28일 진도 7.8의 대지진이 발생하여, 사망 24만 명, 중상 16만 명에 이르는 금세기 최대의 재난이 있었다.

활기 있는 무역항 톈진

중앙 4직할시의 하나인 톈진시는 상하이에 이어 중국 제2의 무역항으로, 화베이〔華北〕 최대의 항구도시이다. 예부터 문화적인 거리로 오랜 상점가가 많이 남아 있다. 현재 톈진에서 베이징까지는 고속버스로 약 한 시간 정도 걸린다. 항구도시 톈진 사람의 기질은 새로운 것을 좋아하고 개방적이다. 말주변이 좋지만, 인색하고, 말투도 거칠다. 성질이 급해 금세 뜨거워졌다가 금세 식는다.

톈진 출신의 거물급 정치가로는, 공산당 정치국 상무위원 리루이환〔李瑞環〕이 있다. 베이징은 물가가 비싼 반면 톈진은 싼 것이 자랑거리다. 톈진 상인은 말주변이 좋아 장사를 잘한다. 베이징인도 말주변에서는 톈진 상인에게 질 정도이며, 베이징에서 할 수 없는 일이라도 톈진에서는 할 수 있다고 자부하고 있다. 일본의 자동차회사 도요타도 베이징에서는 결과가 좋지 않았지만, 톈진에서는 성공했다.

현재, 중국 내에서는 휴대전화가 1억3천만 대나 보급되어 있다. 그 절반 이상이 미국 모토롤라 톈진공장에서 생산한 것이다.

일본 기업은 도요타 외에, 혼다기연공업, 자동차부품 생산업체 도카이이화, 도요타 통상, 아이신, 우토쿠 운수, 전자부품 생산업체 NEC, 제약회사 오츠카제약 등이 톈진시에 진출해 있다.

앞으로도 톈진산 중국제품이 전세계로 보급될 가능성은 충분히 있다. 톈진시뿐 아니라, 허베이성 사람은 수도 베이징을 늘 의식하여, 베이징이 하지 못하는 일을 자신들이 해보려는 도전정신이 강하다.

성 이름은 황허의 북쪽에 위치했다는 뜻으로 지어졌다. 성 총면적의 5분의 3을 고원과 산지가 차지하고 있고, 나머지 5분의 2가 평야로 이루어져 있다. 북부에는 내몽골 평원의 일부 장베이(張北) 고원이 펼쳐져 있고, 남부에 옌산(燕山)산맥이 가로놓여 있다. 성 경계선 서부지구에 타이항(太行)산맥이 있다. 동·남부 일대가 허베이 평원으로, 황허의 흙이 축적되어 토지는 비옥하다고 할 수 있다.

옛날 연나라의 국도였으며, 전한시대의 역사가 사마천이 쓴 〈사기〉의 '자객열전'으로 유명하다. 연나라의 태자 단(丹)은 진나라의 인질로 잡혀갔지만, 기원전 232년 연나라로 도망쳐 왔다. 진의 위나라에 대한 침략을 멈추기 위해, 자객 형가(荊軻)[10]에게 정중히 진왕(시황제) 암살을 의뢰하고, 그의 승낙을 받아낸다.

10 　?~BC227, 전국시대 위나라 사람. 연의 태자 丹의 식객 노릇을 했다. 丹에 의해 진왕을 죽이라는 명령을 받고 전송을 받으며 출발하지만 진왕을 암살하지 못하고 살해되었다.

"바람은 소소히 불고 이수의 물은 차갑기만 하다. 장사 한번 떠나면 어찌 돌아올 것인가." 이것은 주군에 대한 의를 다하기 위해 형가가 암살을 선택하고 길을 떠날 때 읊은 석별가이다.

허베이는 이른바 중원의 땅으로서 몇 번이나 수도로 정해졌던 지역이다. 지리적인 조건이 좋아 경제적으로도 풍요롭고, 군사적으로도 화베이·중원을 제압하는 요충지였다.

그 옛날, 2000년에 걸쳐 몽골, 훈, 퉁구스, 만주 등의 외래민족과 한족이 격전을 벌여온 무대였다. 이민족이 진출한 결과 혼혈이 많고, 오랜 전란 속에서 화베이와 중원에 공통된 특징이 생겨난 것이다.

과감 용맹한 공격형

북방 이민족의 피가 섞인 허베이인은 용맹한 공격형 성격이며, 정략이나 임기응변에 강하다고 할 수 있다. 허베이인 기질을 대표하는 역사적 인물로, 삼국시대 촉한의 무장 장비(張飛), 당나라 때의 시인 한유(韓愈), 문치주의인 송나라의 태조 조광윤(趙匡胤), 청나라 때의 작가로 소설 〈홍루몽〉의 저자 조설근(曹雪芹), 중국공산당 창설에 참여한 사상가 리다자오(李大釗) 등이 있다. 중국문명의 요람지를 배경으로 학문, 예술을 좋아하는 기풍이 있다.

허베이인을 흔히 '로탄아(老坦兒)'라고 부르는데, 북방민족과의

상하이人, 홍콩人, 베이징人

혼혈이라는 점과 거칠고 품위가 없는 점을 합쳐서 표현한 말이다.

얼굴은 둥근 편이고 이마가 넓다. 도톰한 눈꺼풀에 가는 눈, 잘 뻗은 턱도 특징적이다. 언뜻 보아 한족을 대표하는 외모라고 생각되겠지만, 이민족의 피가 섞인 육체적인 특징을 계승하고 있다.

허베이인은 베이징·톈진 같은 대도시의 그늘에 가려 뚜렷한 개성을 드러내진 못했지만, 머리 회전이 빠르고, 행동력과 결단력이 강하다는 장점을 갖고 있다.

흥정에 강한 허베이 상술

허베이 상술은 이민족적인 용맹스럽고 과감한 점이 특징이다. 밀어붙이거나 흥정에 강하다고 할 수 있다. 타이완, 홍콩, 동남아시아에서 성공한 허베이성 출신의 실업가들에게 그 관습과 영향이 강하게 남아 있다.

거래할 때에도 예의 바르고, 상식을 존중하며, 냉정 침착하게 보인다. 하지만, 어떤 비즈니스맨이건 몽골적인 강렬한 개성을 지니고 있어, 일단 화가 나면 성난 소처럼 거칠고 강한 모습을 보이며, 때로는 지나치다 싶을 정도로 냉혹하게 굴기도 한다. 정에 호소하는 상술은 그들에게 통하지 않는다. 일목요연하고 이치에 맞는 거래를 좋아한다.

직장에서도 허베이인 상사는 일에 대해 진취적이고 적극적인

자세로 임한다. 머리 회전이 빠르고 결단력이 있으며, 어떤 일에서
건 공격적이다. 남 위에 서서 명령하길 좋아한다. 부하의 부족한
면을 잘 다독여주지만, 주위에 대한 배려는 서툴다. 재정적인 위기
에 빠져도 반드시 극복하는 힘이 있어, 사장이나 부하들에게 두터
운 신임을 얻고 있다.

부하의 경우도 인내심이 강하고, 끈기 있는 사람이 많으며, 일
에도 최선을 다한다. 억척스러우면서도 요령을 잘 피운다. 그만큼
상사는 부하를 엄격하게 관리하고 항상 체크할 필요가 있다. 대담
한 아이디어와 실천력을 갖췄지만, 막상 추진력이 부족해, 그 능력
을 발휘시키는 것은 상사의 몫이다.

남존여비 사상의 뿌리가 남아 있는 지역이기 때문에, 현모양
처를 꿈꾸는 여성이 많다. 북방 기마민족의 영향으로, 나약한 남성
과 술에 약한 남성은 싫어한다. 하얀 피부에 둥근 얼굴이 특징이
며, 당나라 시대 때의 이상적인 미인형이 많다. 밝고 근면하며, 인
간 관계를 넓히는 것을 좋아하지만, 돈을 모으기만 하고 쓸 줄은
몰라, 지갑이 늘 굳게 닫혀 있는 것이 특징이다.

역사적으로도 분명 이민족과의 혼혈 자손이 많지만, 순수한
한족이라고 자부하는 사람도 많다. 그러므로 "허베이인은 훈족,
몽골족의 영향을 받았다"라고 말하는 것은 금물이다.

허베이성의 주요 관광명소로는, 청더시의 피서산장과 외팔묘
(外八廟, 8개의 라마불교 사원), 스자좡시 부근의 융흥사(隆興寺)와 안제
교(安濟橋), 한단시〔邯鄲市〕의 시앙땅산(響堂山) 석굴 등이 있다.

상하이人, 홍콩人, 베이징人

山東省

산둥성

— '신용제일'의 문화가 번성한다

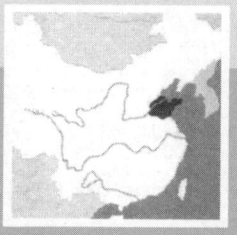

면적 15만7천km²

인구 9079만 명

주요도시 지난시(濟南市)

중요점 공자, 맹자 2대 성인의 고향

공자의 고향, 유교문화의 중심지

산둥성은 중국 고대문명의 발상지로 한족의 생명의 강 황허 유역에 있다. 화산(華山)에서 타이싱(太行)산맥에 이르는 산악지대의 동쪽을 '산둥(山東)'이라고 부른 데서 유래한다. 반도와 내륙부로 나뉘며, 산둥반도는 북쪽이 보하이(渤海), 남동쪽은 황하이(黃海)에 면한 중국 최대의 반도이다.

　이 지역은 춘추전국시대에 유교를 창설한 사상가 공자(기원전 551~479)의 고향이다. 유교문화의 중심지로, 현재도 산둥성 사람의 생활이나 문화에는 유교정신이 강하게 숨쉬고 있다.

산둥성에는 '신용을 제일'로 하는 문화가 지금도 남아 있다. 공자는 〈논어〉에서 '백성은 믿지 않으면 일어서지 않는다(민중에게 신의를 얻지 못하면 국가도 사회도 성립되지 않는다)'고 말하고 있다. 또 '이(利)에 끌려가면, 원망이 많다(이해만 따져 행동하면, 반드시 많은 원망이 생기게 마련이다)'고도 말하고 있다.

산둥인은 이 가르침을 지금도 소중히 여기고 있다. 원래 사교적이지만, 무엇보다 우선적으로 친구와의 우정을 소중히 생각하는 기풍이 있다. 산둥인과 술 마시는 교제가 불가능한 적은 거의 없다. 왜냐하면, 산둥성은 중국에서 술 생산량이 최고로, '술은 산둥성, 음식은 광저우'라고 할 정도이기 때문이다.

술자리에서 "실례지만, 어디 출신이십니까?" 하고 물은 뒤, 상대가 산둥성 출신이면 그 자리에서 바로 친구가 될 수 있다. 비즈니스에서도 산둥인은 먼저 거래 상대가 돈을 벌게 만든다. 자신보다는 상대가 먼저 돈을 벌게 하고 다음에 자신의 일을 생각한다.

예를 들면, 개혁·개방 후에 산둥성에서 이런 얘기가 있었다. 어느 날, 홍콩에서 한 장사꾼이 산둥성을 방문했다. 산둥인은 이 홍콩인을 3일낮 3일밤 환대하며, 상대의 숙박비에서 식비까지 전부 부담하고, 돌아갈 때는 엄청나게 많은 선물을 들려보냈다. 그런데 그후, 그 홍콩인에게서는 아무런 인사도 없었다고 한다.

같은 중국인이라도 홍콩인에게는 그런 냉정한 면이 있다. 홍콩인과의 거래가 이루어진 데 대해, 산둥인은 어디까지나 '의리 굳

상하이人, 홍콩人, 베이징人

히기' 대접을 한 것이다. 지나치게 솔직한 행동이라고 할 수도 있겠지만, 공자 이후 '신용을 제일'로 하는 기풍이 남아 있다는 증거이다.

외국 기업이 산둥성에서 비즈니스를 하길 원한다면, 먼저 술 마시는 교제를 이해하고, 성실하게 상대와 신뢰관계를 쌓으려는 자세를 갖지 않으면 거래는 이루어지지 않을 것이다. 홍콩인, 상하이인과 같은 냉정한 감각으로 비즈니스 하는 것은 실패의 원인이다.

장기적인 전망이 성공의 비결

산둥성에서는 일확천금 같은 사업은 없다. 장기적인 전망을 세워 상담하는 것이 성공의 비결이다. 현지에서 성공한 일본 기업으로는, 냉동가공식품의 '가토키치'와 화장품회사인 '가네보'가 있다. 가네보는 항구도시 칭다오 교외에 한방약품 공장을 세우고, 현재는 제2공장을 건설중이다. 그 외에 아사히맥주, 마쓰시타전기, 에바라, 태평양공업, 닛신운송 등이 진출해 있으며, 미쓰비시 머티어리얼은 옌타이시〔煙臺市〕에 거점을 두고 있다.

내륙부의 성도 지난〔濟南〕은 역사가 깊은 도시로, 기원전 105년경으로 거슬러 올라간다. 주〔周〕나라 무왕이 은〔殷〕나라의 주왕을 무너뜨리고, 호경〔鎬京＝長安〕에 서주〔西周〕 왕조를 건국했는데, 이를 도운 공적으로 그 유명한 태공망〔太公望, 속칭 강태공〕 여상〔呂尙〕이 이

땅을 선물받아, 춘추시대 제나라의 시초가 되었다.

기원전 7~5세기경, 제나라는 산둥지방을 지배하면서, 종종 이웃의 노(魯)나라와 주변의 작은 나라에 압력을 넣었다. 이 상태는 기원전 4세기경, 제나라가 진나라에 패할 때까지 계속되었다.

영웅호걸을 많이 배출하여 〈수호전〉〈삼국지〉 등에 등장하는 역대의 장수들이 각축을 벌이는 무대이기도 했다. 삼국시대에 촉한의 왕 유비 현덕을 보좌했던 명참모 제갈공명도 산둥성 낭야 출신이다. 전국시대에는 공자의 유교사상을 계승·발전시켜 왕도주의·성선설을 제창한 맹자도 산둥성 출신이다.

예부터 자연조건이 뛰어나고, 경제적으로도 풍요로웠으며, 정치·군사·교통의 요지이기도 했다. 즈루(齊魯)평원 사람들은 학문과 예술을 존중함과 동시에 무예를 좋아하여, 문무 양도의 영웅호걸을 많이 배출했다.

남부의 취푸시(曲阜市)는 면화의 특산지로, 기원전 551년 공자가 이 지역에서 태어났고, 공자가 죽은 후 역대 왕과 황제의 숭배지가 되었다. 취푸에는 공자를 기린 '공묘' '공부' 등 446개의 사당과 누각이 있는데, 베이징의 고궁에 이어 중국 제2의 규모를 자랑하고 있다.

중국 농력(農曆) 8월27일은 공자의 탄생일로, 1984년 9월에 '생탄제'가 부활된 이래, 매년 취푸시에서 이 생탄제가 열리고 있으며, 해외 화교와 외국인 관광객이 다수 방문하고 있다.

산둥성에서 잘 알려져 있는 곳이 반도 남부에 위치한 칭다오

〔靑島〕다. 1만 톤급 이상의 대형 유조선이 자유롭게 정박할 수 있는 국내 유수의 무역항이지만, 옛날에는 촌스러운 일개 어촌에 불과 했다. 1890년 독일의 조차지로서 개항한 이래 국제도시가 되었다.

현재도 당시의 모습을 간직한 붉은 지붕에 벽돌로 지은 서구 식 가옥이 즐비해 있어, 이국적인 정서가 넘쳐나고 있다. 관광 리 조트로서도 유명해, 해외에서 찾아오는 관광객이 많다.

하이얼〔海爾〕그룹의 눈부신 성장

현재, 중국 최대의 종합가전업체인 칭다오 하이얼 그룹의 존재가 세계적으로 화제를 모으고 있다.

2002년 1월, 하이얼 그룹은 일본의 산요전기와 포괄적인 업 무제휴를 맺었다. WTO 가입 후 급성장을 보이는 중국시장에서, 하이얼의 견고한 판매망을 활용하여 산요제품을 판매하고, 하이얼 은 가전제품을 일본 국내에서 판매하는 합작회사를 설립한다는 것 이다. 일·중 양국의 기업이 광범위한 사업분야에 걸쳐 포괄적으 로 업무제휴를 하는 것은, 중국 기업이 일본 기업과 대등한 파트너 십 단계에 이르렀음을 보여주고 있다.

2000년, 하이얼이 전세계에서 올린 영업 이익은 406억 위안 (약 6조 900억 원), 순이익은 13억 6천 위안(약 2040억 원)에 달하며, 중국 국내 가전업계의 정상에 섰던 같은 해 에어컨 판매량은 210

만 대, 냉장고가 304만 대, 세탁기 305만 대로 6년 연속 기록을 갱신하고 있다.

칭다오라고 하면 칭다오맥주를 떠올릴 수 있다. 1903년, 독일인에 의해 중국 최초로 설립된 공장에서 그 맥을 잇고 있다. 칭다오 교외의 노산(嶗山)에서 흘러내리는 맑은 물과 저장성의 닝보산 보리를 사용하고 있다. 다른 중국산 맥주를 따돌리고 해외로도 수출하고 있다.

자연조건의 혜택으로 농업생산총액이 전국 제1위를 자랑하며, 중국 4대요리의 하나인 '산둥요리'로도 유명하다. 보기에도 아름답고 맛도 훌륭해 전세계 사람들에게 사랑을 받고 있다.

산둥인을 흔히 '산둥호한(山東好漢)'이라고 부른다. 덩치가 크고, 성실하며, 의리와 인정이 두텁다. 제왕형보다 재상형이 많다. 춘추시대 오나라의 병법가 손자도 이 지역 출신이다.

남성은 얼굴이 각지고 넓적한 편이다. 눈은 그다지 크지 않으며, 시선은 차분하다. 코는 크고, 입매가 야무진 전형적인 한족 타입이다.

군인 기질의 산둥성인

무인 기질이 있고 행동력도 갖췄지만, 진지하며 약간 보수적이다. 의지가 강하여, 때로는 완고하고 융통성 없는 면도 있다. 말투는

상하이人, 홍콩人, 베이징人

거칠지만, 정치적 모략가들도 많이 배출하고 있다.

1960년대부터 70년대에 중국 전토를 뒤흔든 문화대혁명 때, 중국공산당의 실권을 장악하고 한때 천하를 쥐었던 좌파의 모략가 캉성〔康生, 당 중앙 부주석을 지냄〕과, '4인방'의 마오쩌둥 부인 장칭〔江靑〕, 왕홍원〔王洪文〕, 장춘차오〔張春橋, 중앙정치국 상무위원을 지냄〕, 그리고 세계적으로 유명한 여배우 공리 등도 산둥성 출신이다.

한편, 고참당원이면서 온건한 개혁파로 인기 있었던 완리〔萬里, 전인대 상무위원장을 지냄〕와 톈지윈〔田紀雲〕 등도 배출했다. 군인으로는 현재 장쩌민 체제를 지탱하는 장완녠〔張万年, 중앙군사위 부주석〕이 있다.

예부터 중국인민해방군의 병사 수가 가장 많은 지역으로 쓰촨성과 산둥성을 들 수 있다. 의리와 약속을 잘 지키고, 정의를 소중히 여긴다. 또한 참을성이 강하다는 여러 기질이 군인에 어울린다고 할 수 있다.

산둥인은 용기가 있지만, 임기응변에는 능하지 않다. 수줍음을 많이 타는 것도 사실이다. 하지만, 일단 사귀어보면 의외로 붙임성이 있다. 산둥의 상술에서 가장 강조할 만한 것은 신용이다. 대인관계를 소중히 여기고, 거래하기 전에 먼저 신뢰관계부터 쌓는다.

목숨이 바뀌어도 신용을 지키려는 마음이 있고, 자신이 손해를 보더라도 신용을 잃을 만한 일은 절대 하지 않는다. 상대의 신용을 얻기 위해, 추상적인 말보다 구체적인 행동과 태도를 중시한다. 거래 상대의 언행, 출신지, 보증인이나 소개자에 따라 그 신용을 판단하고, 한번 신용이 성립되면 재빨리 행동으로 옮긴다. 신빙성 있는 정보가 들어오면, 신속 과감하게 움직이는 것이다.

산둥인 상사는 말수가 적어 독단적으로 보여지기 쉽다. 자신의 판단, 언행은 절대 틀림이 없다고 믿으며, 어디까지나 자신을 통해 일을 완수한다고 여기는 것이 특징적이다. 동시에 부하를 부릴 때는 공명정대한 태도를 취한다.

주먹구구식이 아니라, '성의와 신의'를 기준으로 사람을 쓰며, 일단 약속한 일은 목숨을 다해 지킨다. 하지만, 부하의 의견을 귀담아듣는 일에는 서툴다.

반대로 부하의 경우, 독창성은 없지만, 규칙을 잘 지키는 타입이 많다. 정해진 범위의 일을 훌륭하게 수행하지만, 테두리를 벗어나는 일은 결코 없다. 말주변도 없고 요령도 없지만, 솔직하고 진지하며, 신뢰할 수 있는 타입이 많다. 주어진 사명을 충실히 완수하기 때문에, 아랫사람으로 다루기는 수월하다.

도시적인 상하이나 홍콩의 여성과 비교해, 산둥성 여성은 순박해서 자신의 마음을 잘 표현하지 못한다. '생각은 있으나 말이 없는' 타입이다. 소박하고 상대의 분위기에 좌우되기 쉽다.

또한, 산둥성 여성은 체격이 큰 편이고 성격도 밝아, 결혼하면 남성을 리드하는 누나 같은 아내가 될 수 있다. 노력가이고 성실하지만, 돈 모으는 재주는 별로 없는 것 같다.

산둥인과의 비즈니스에서 신경 써야 할 점은, 말로는 사회주의 국가라고 하면서 이 지역은 유교정신이 뿌리깊게 자리하고 있다는 점이다. 그렇기 때문에 공자에 대한 비난은 금물이다. 또, 아무렇지도 않게 신뢰를 저버리는 말이나 행위를 해서도 안 된다.

　주요 명소로는 다밍호〔大明湖〕 공원, 첸포산〔千佛山〕, 황허, 공부(孔府), 공묘(孔廟), 타이산〔泰山〕, 칭다오 해산박물관, 옌타이, 펑라이게〔蓬萊閣〕, 웨이하이〔威海〕, 루이꿍다오〔劉公島〕 등이 있다.

허난성

—가짜 브랜드의 천국

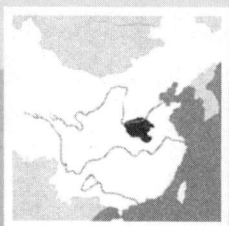

면적 16만7천km²

인구 9256만 명

주요도시 정저우시(鄭州市)

중요점 시장경제 시대에 마오쩌둥 사상을 지키려 한다

———————————유구한 역사를 지닌 땅

중국에 이런 농담이 있다.

전에 리펑(李鵬) 위원장이 전인대표회의에서 "허난성의 대표는 왔습니까?" 하고 관계자에게 물었다.

"네, 도착했습니다."

다시 한번 리펑 위원장이 "정말 왔습니까?" 하고 확인했다. 그러자 "실은 대표가 아니라 성 지사가 왔습니다"라고. 그 정도로 허난성에는 거짓말쟁이가 많다는 얘기다.

상하이人, 홍콩人, 베이징人

중국에서 위조품이라고 하면 허난성을 말할 정도로 가짜 만들기에 오랜 역사를 지닌 지역이다. 허난성의 인구는 약 9256만 명. 중국에서도 많은 편에 속한다. 세계적으로 유명한 브랜드 상품을 본떠, 전국적으로 팔아먹는 것이 허난성 사람이다.

중국에서 비즈니스를 할 경우, 가장 주의해야 할 것이 허난성이라고 할 수 있다. 세계적인 명품 시계, 가방, 차 등 만들 수 있는 모든 위조품의 대부분이 허난성에서 나오고 있다. 다른 사람의 좋은 점은 전부 흉내낸다. 잠시도 방심할 수 없는 끈질긴 기질이다.

허난성은 황허 중·하류의 남부지역에 위치하여 허난(河南)이라는 이름이 붙었다. 동부 일대에는 황허와 화이허(淮河)의 충적으로 생긴 황화이 평야가 펼쳐져 있다. 북부는 황허의 범람으로 형성된 비옥한 토양이 퇴적하여 주요 농업지대가 되고 있다. 전국 유수의 농업지대로 보리, 옥수수, 대두, 참깨, 땅콩, 면화, 잎담배, 사과 등을 생산하고 있다.

옛 황허문명의 중심지로, 중국의 한가운데 있다고 해서 '중원, 중주'라고 불리며, 역대 왕조의 권력 투쟁의 장이기도 했다. 유구한 역사가 있어 중국 7대 고도 중 3개의 고도가 있다.

상(商=은나라) 왕조의 은허(殷墟, 안양), 후한 등 9왕조의 고도였던 뤄양(洛陽), 북송의 수도 카이펑(開封)이 그것이다.

후한, 위, 서진, 북위, 수, 당 왕조시대에 번영을 이루었으며, 5대 혼란을 통일하고 960년에 송 왕조를 열었다. 태조 조광윤(趙匡胤) 시대에는 수도 카이펑이 경제도시로서 100만 명의 인구를 능가하는 번영을 누렸다고 한다.

1954년 카이펑시에 있던 성도가 정저우시〔鄭州市〕로 옮겨왔다. 정저우도 역사가 깊은 곳으로, 3500년 전인 상나라의 고성 유적이 발견되기도 했다.

해방 후에는 국가 중점 건설도시로 지정되어, 화베이에서 손꼽히는 공업도시로 발전했다. 특히 면방직공업 기지로 알려져, 정저우 제3면방직공장 등이 유명하다.

또한, 중국 8대 알루미늄공장의 하나인 정저우 알루미늄공장이 유명하다. 중국 내륙부에 있어 철도망이 발달하였으며, 정저우 북역은 아시아 최대의 화물열차 편성역이고, 동역은 전국 최대의 화물중계역이다.

527년에 인도 승려 달마가 입산, 선종을 열고, 그후 소림사 수행승의 심신단련 기술인 소림사 권법이 오늘날까지 전해지고 있다. 천불전의 오백나한 벽화, 백의전의 소림사권보, 십삼화상구당 왕벽화 등 귀중한 예술품이 보존되어 있다.

일본 기업으로는 도시바가 송변전기 생산·판매, 닛산자동차가 트럭 생산으로 진출해 있는 정도이며, 중국 해안의 화둥·화난 경제권과 비교할 때, 일본 기업의 비즈니스가 이루어지기 어려운 지역인 듯하다.

혼혈로 인해 도시화된 한족들

허난성 사람은 사방 각지의 이민족들과 혼혈한 결과, 지성적이고 도시화된 한족의 성격을 형성했다. 대체적으로 얼굴 전체가 좌우 대칭으로 균형을 이룬다.

이마가 훤칠하게 넓고, 키가 크며, 잘 뻗은 코와 큰 입을 가졌다. 눈은 가늘고 길며, 눈동자에 생기가 넘친다.

중국 역사의 중심지로, 남북을 잇는 교통로가 밀집된 장소에서 생활양식, 문화가 다른 각 민족이 부대끼며 살았기 때문에, 빈부에 대한 차별의식이 남다르다.

따라서, 문인·무인을 불문하고 가난한 생활을 견디지 못해, 왕래하는 지배계급의 얼굴을 익히면서 '입신출세'의 꿈을 품게 되었다.

중국에서는 '허난인 고상, 허베이인 천박'이라고 하여, 허난 출신과 허베이 출신을 크게 차별한다. 허난인은 능력이 뛰어나 실천력이 강하지만, 사려 깊은 면이 부족해 직설적인 경향도 있다. 또, 입신출세하여 돈을 많이 모으려는 꿈을 갖고 있는데, 중국에서는 이를 "관(官)에 올라 재(財)를 일으킨다"고 한다.

하지만, 허난인은 순진하게도 입신출세하지 못하는 경우 애걸하면서 매달리기도 한다. 한편, 입신출세한 사람은 종업원 타입이 많아, 순종하고 일도 잘하지만, 돈 모으는 재주는 없어 보인다.

반면, 자기중심적이고 협조성이 부족한 면도 있는데, 자신들의 '이중성' '인색함'을 스스로 인정하고 있다.

역사상 유명인으로, 진나라 말기의 농민반란 지도자 진승(陳勝)과 오광(吳廣), 후한의 천문학자 장형(張衡), 후한의 초대황제 광무제 유수(劉秀), 당대의 법상종 시조인 삼장법사 현장(玄奘), 당대의 시인 두보(杜甫), 남송의 무장 악비(岳飛), 중화민국 초대 총통 위안스카이〔袁世凱〕, 제13기 공산당중앙위원 총서기 자오쯔양〔趙紫陽〕 등을 배출했다.

————— 신용제일, 의를 중시하는 허난인 상술

허난성 사람은 성실하게 일한다. 전통문화가 풍부한 지역이기 때문에, 자주 고향 자랑을 한다. 의젓하고 보수적인 면이 있다. 새로운 일을 벌이는 등 사업상의 모험을 즐기지 않고, 안전지향적이다. 간혹 "사람을 속여 물건을 판다"는 악평을 받기도 한다. 사업상의 판단은 직감에 맡기는 경향이 있지만, 반면, 계획성이 있어 성공하는 사람도 많다.

중요한 것은 술자리이다. 과시욕이 있어 친구를 집에 초대해 술마시는 것을 좋아하며, 상대가 취해 쓰러질 때까지 마신다. 하지만, 금전운은 좋은 편이 아니다. 돈을 빌리는 일에 서툴러 겨우겨우 돈을 빌렸어도, 이번에는 갚는 일에 지나치게 책임을 느껴, 때로는 가정생활을 무너뜨리는 경우도 있다. 회사 경영과 비즈니스

상하이人, 홍콩人, 베이징人

에서는 금전상의 공과 사를 혼동하기 쉬운 결점이 있어 주의가 필요하다.

허난성 사람에게는 강철보다 무거운 '의리'가 있다. 마음에도 없이 부하를 달달 볶거나 위협하거나 하지 않는다. 부하에게 헌신을 다하고, 배신하는 일도 없다.

스스로 일을 찾아 진행시키는 창조성이 부족하기 때문에, 어려운 일보다 안전하고 편한 일을 좋아한다.

또한, 아부가 심해 "과장님이 해주시지 않으면 안 되겠습니다" 하는 식으로 상사의 자존심을 만족시켜줄 줄 안다.

부하의 경우는 일에 최선을 다한다. 성실하고 게으름을 피우지 않기 때문에 다루기 쉽다. 하지만, 말주변이나 요령이 없어 출세가도를 걷기에는 어려움이 따른다. 단, 인간관계를 넓히는 것을 좋아하기 때문에, 네트워크 만들기에는 최적의 기질이다.

허난성 여성은 성실하고 의리가 있다. 한번 친해지면 5년이든 10년이든 교제가 이어진다. 남존여비 사상이 뿌리깊게 남아 있는 지역이기 때문에, 인내심 강한 여성이 많다. 그리고 고집이 세다. 현모양처를 동경하여, 결혼하면 남성을 리드하는 누나 같은 아내 타입이 많다.

허난성은 역사가 깊어 사람들의 자존심도 강한 편이다. 옛 사람들 얘기하기를 좋아하지만, "옛날 허난인들은 안 그랬는데, 요즘 허난인은……" 하는 식으로 비방해서는 안 된다.

주요 사적·명소로는 정저우시 소림사의 탑림(塔林, 역대 승려들

의 사리탑이 죽 늘어서 있는 곳), 카이펑시의 우국사(祐國寺) 철탑, 상국사
(相國寺), 뤄양시의 용문석굴(龍門石窟), 고양동(古陽洞), 백마사(白馬寺,
중국 최초의 불교사원), 두보의 생가 등이 있다.

四川省

쓰촨성

—작은 고추가 맵다

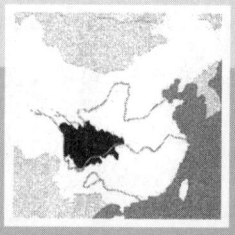

면적 49만km²

인구 8329만 명

주요도시 청두시(成都市)

중요점 마적 기질의 쓰촨 상법

싸움과 흥정에 강한 '쓰촨 마적'

예부터 쓰촨성은 중국말로 '민경(民耕)', 즉 하인이 많기로 유명하
다. 역사가 오래된 충칭시(重慶市)는 베이징, 상하이, 톈진에 이어
1997년 네 번째로 중앙직할시로 되었다. 충칭은 인구도 약 3042
만 명이나 되는 대도시이다.

쓰촨성의 향료 '마라'는 매우 맵기로 유명한데, 쓰촨성 사람의
기질 또한 정말 맵다. '쓰촨 마적'이라고 말할 정도로 성격도 거칠
고 싸움에도 강하다. 흥정에도 강하고 엄격한 면이 있지만, 그 반

면 부드러운 일면도 있다.

　다른 도시로 돈을 벌러 나가는 사람이 많다. 대도시의 밤거리에서 일하는 여성들 가운데는 쓰촨성 출신자들이 많은 것도 사실이다.

　예부터 "중국의 천하가 혼란스러울 때는 쓰촨성에서부터 시작한다"는 말이 있다. 쓰촨성 광안(廣安)에서 태어난 대정치가 덩샤오핑이 쓰촨성 기질의 대표격이다.

작은 파촉(巴蜀)의 협객

쓰촨성은 옛날에 '파촉'이라 불렸다. '파'는 현재의 충칭시를, '촉'은 현재의 청두시를 중심으로 번영했다. 자연환경의 혜택으로 산과 물이 많다. 예부터 양쯔강 및 그 지류를 이용한 관개농업지대를 형성하여 '천부(天府)의 나라'라고 불리기도 했다.

　파촉은 춘추전국시대까지는 한족의 생활권이 아니었다. 진나라 때 한번 이 지역에 손을 뻗은 적이 있지만, 대규모로 한족이 진출한 것은 진시황제 사후에 군사를 일으켜 전한의 초대황제로 즉위한 유방(고조, 기원전 247~195년)의 시대이다. 유방이 항우(진나라 말기의 무장. 후의 초왕)와 패권을 다투기 위해 파촉이라는 농업생산지를 손에 넣은 것이다.

　"천하는 쓰촨에서부터 어지러우니, 쓰촨은 최후에 통치한다

상하이人, 홍콩人, 베이징人

(天下未亂蜀先亂 天下已治蜀後日)"는 속담이 있다. 지리적 조건이 뛰어나 물자가 풍부함과 동시에, 〈삼국지〉의 유비를 비롯한 수많은 영웅과 역사상의 유명한 협객을 탄생시켰다. 쓰촨성은 '중원'과는 거리가 멀어, 옛날 '감춰진 땅'이라는 인식이 강했던 시절에는 제갈공명 등 역대의 병가가 다투는 무대가 되었다.

송나라 초기, 5대 촉한의 땅에 익주(益州), 재주(梓州), 이주(利州), 기주(夔州) 등 4로(四路)가 설치되어, '천협사로(川峽四路=四川路, 쓰촨로)라고 통칭하여 불렀다. 쓰촨성이라는 이름은 여기에서 유래한다.

성도는 청두시(成都市)이다. 한나라 때부터 청두의 직물은 유명하여, 현재도 다양한 직물이 생산되고 있다. 또, 죽제품과 약초의 산지로, 서북부 산간지역에 자생하는 약초인 대황은 변비 치료약으로 알려져 대량으로 수출되고 있다.

쓰촨요리는 맵기로 유명한데, 시내 중심부에 마파두부 원조점인 〈진 마파두부점〉이 있다.

쓰촨성 사람이 매운 것을 좋아하는 이유는, 주위가 온통 산으로 둘러싸인 분지라서 물은 풍부하지만 맑은 날이 적은 풍토와 관계 깊다. 매운 음식은 기분을 상쾌하게 만들고, 풍토병인 관절염에도 효과가 있기 때문이라고 한다.

중일전쟁 당시, 장제스 총통 지휘 아래 충칭시에 국민당 임시정부가 설치되었다. 시 교외의 구당협(瞿塘峽, 쮜탕시아), 무협(巫峽, 우시아), 서릉협(西陵峽, 시링시아) 삼협은 〈삼국지〉의 무대로 알려져 있지만, 1992년부터 총저수량 393억㎥, 발전능력 1768kw의 세계 최대의 '삼협댐'을 건설중이다.

쓰촨성에 진출한 일본 기업으로는, 충칭시에 도요타자동차가 진출하여 중형버스를 생산하고, 혼다기연공업, 야마하 발동기, 스즈키가 각각 소형 오토바이를 생산하고 있다.

인민해방군의 주축이 된 쓰촨성 군인

쓰촨성 사람은 흔히 '쓰촨 난쟁이'라고 불리는데, 작은 신체와 성실함이 기본적인 특징이다. 얼굴은 역삼각형보다 원형이 주를 이룬다.

쓰촨성 사람 중에는 예부터 협객이 많았다. 그들은 침략해온 이민족에게 쫓기게 되면 재빨리 산속으로 피해 들어갔기 때문에, 행동력과 결단력이 강했다. 지금도 신속하게 집단을 만들기 때문에, 다른 지역 사람과 간단히 구별할 수 있다.

쓰촨성 출신의 병사는 근면, 성실하고 협동심이 강한 우수한 인재로 알려져 있다. 인민해방군 총병력의 3분의 1은 쓰촨성과 산둥성 출신들이다. 성격은 원만하고, 협조성이 강하며, 대체로 관용적이다. 정의감이 넘치고, 자잘한 기교를 싫어한다. 강한 인내력을 안에 감추고, 무인으로서의 자질을 갖추고 있다. 의젓하지만 뛰어난 감각을 지니고 있다. 자존심도 강하고, 진취적인 기상이 넘치며, 두뇌가 명석하고 지적이다. 또한, 의리와 인정을 소중히

상하이人, 홍콩人, 베이징人

여긴다.

역사상의 인물로는, 촉한의 창시자 유비, 당나라 시인 이백(李白), 당나라 현종의 비 양귀비, 송나라 시인 소동파(蘇東坡), 중국인민해방군 사령원 진의(陳毅), 전 중앙군사위 부주석 녜룽전(聶榮臻), 초대공안부장 겸 총참모장 뤄루이칭(羅瑞卿), 인민해방군 창립자 주더(朱德), 개혁·개방의 지도자 덩샤오핑, 문학자 궈모뤄(郭沫若), 전인대위원장 리펑(李鵬), 현대작가 빠진(巴金) 등 '쓰촨 마적' 기질이라 할 만한 무인·군인에서부터 문인까지 폭넓게 인재를 배출하고 있다.

현재의 쓰촨성에서 특징적인 것은, 돈을 벌기 위해 도시로 나가는 농민이 많다는 것을 들 수 있다. 쓰촨성은 허난성, 산둥성에 이어 전국 제3위의 인구(전국의 6.8%)를 자랑한다. 그 82.8%가 농업종사자이다.

1980년대 말부터 '민공조(民工潮)'라 불리는 농민의 주기적 농촌 이탈 현상이 전국적으로 발생하고 있는데, 쓰촨성 농민들이 그 대표격이다.

중화민국시대의 쓰촨 군벌을 가리켜 '촨쥔(川軍)'이라 부른다. 쓰촨성의 유동인구는 약 1200만 명에 이르며, 그 중 500만 명이 성 밖의 대도시로 진출해, 일설에 의하면 이들로 인해 연간 100억 위안 이상의 현금이 들어온다고 한다.

3분의 의협심, 쓰촨 상술

쓰촨성은 지형상으로 보아도 산 속에 있다. 강남이나 중원과는 멀어, 경제적으로 꽤 뒤처져 있다. 쓰촨인은 보수적이고 폐쇄적이기 때문에, 자급자족하는 것 이상으로는 적극적으로 욕심을 부리지 않는다. 거래에서는 신의를 중요하게 여겨, 한번 약속하면 손해를 보더라도 지키려고 한다.

"친구를 사귀려면 모름지기 3분 동안 호기를 부려야 한다." 이런 말이 있지만, 쓰촨인과 거래를 할 경우, '우정→호기→추진→거래'라는 식으로 생각해서는 안 된다. 이해 타산만으로 교제를 할 것이 아니라, 적어도 3분의 의협심을 갖지 않으면 안 된다.

그 대신 한번 신용을 얻으면 부모 형제 이상으로 우정을 나눌 수 있다. 쓰촨인은 성급한 기질을 그다지 좋아하지 않기 때문에, 무리한 거래나 상담은 피하는 것이 좋다.

쓰촨인 상사는 일을 적극적이고 대담하게 해낸다. 머리 회전이 빠르고 판단력이 뛰어나다. 일에 있어서도 애매하게 처리하는 인간을 싫어하는 경향이 있다. 사람을 다룰 때는 공명정대한 태도를 취한다. 대체로 관용적인 편이다. 부하를 비난하는 일은 없다. 그 반면, 부하의 의견을 귀담아 듣지 않는다. 단, 기본적으로는 성실과 신의를 가지고 사람을 대하기 때문에, 상하관계에 있어서 신뢰로 맺어진다.

부하의 경우는 성격적으로 원만하고 협조적이며, 붙임성이 좋

상하이人, 홍콩人, 베이징人

고 겸손하다. 말없이 실행하는 타입이고, 한번 말한 것은 반드시 지키며, 근면하고 성실한 기질이다. 이런 의미에서는 신뢰할 만하다. 상사나 동료와의 관계에 있어서 성심 성의를 다하며, 균형을 잘 이룬다.

여성은 '쓰촨 고추'라 불리는데, 감정이 북받치면 사소한 일에도 가족이나 친구에게 화를 낸다. 하지만, 화가 가라앉으면 언제 그랬냐는 듯이 태도를 바꾼다. 평상시에는 예의를 중시하고, 맺고 끊는 것이 분명하지만, 의지가 약하다는 것이 단점이다.

쓰촨성 사람은 자존심이 강하기 때문에, 꼬마를 의미하는 '저울추'라든지, 교활함을 의미하는 '쓰촨 생쥐'라는 말은 금물이다.

쓰촨성의 명소·사적으로는, 청두시의 우허후츠〔武侯祠, 유비와 제갈공명을 기린 사당〕·두보초당, 러산의 대불, 어메이산〔峨眉山〕, 칭청산〔青城山〕, 두장옌〔都江堰, 고대 수리시설 중의 하나〕, 주자이거우〔九寨溝〕 자연보호구역 등이다. 특산품은 청두의 견직물, 죽제품, 쉬엔삔〔宣賓〕의 우량예〔五糧液, 술 이름〕, 루저우〔瀘州〕의 대곡주(大曲酒) 등이 있다.

遼寧省

랴오닝성

—일본의 모습을 떠올리게 하는 거리

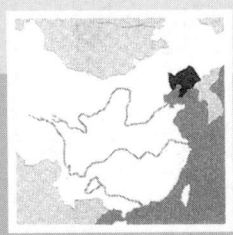

면적 14만 5900km²

인구 4238만 명

주요도시 선양시(瀋陽市)

중요점 만주족의 발흥지

세계 각 도시와 교역

동북(東北) 경제권에 속하는 랴오닝성은, 중국의 북쪽 외곽으로 국유기업이 많고 지역산업도 많지만, 실업률도 높다. 일본인에게는 아카시아나무로 유명한 다롄시(大連市)가 인연이 깊은 것 같다.

1895년 청일전쟁 후 일본이 침략, 그후 약 50년에 걸쳐 식민지 지배가 이어졌다.

당시의 상하수도·전기·가스·건물 등 모두 일본인이 설계하여 만든 거리이기 때문에, 전후에도 다롄시에 향수를 느끼는 일

상하이人, 홍콩人, 베이징人

본인이 많은 것이 사실이다.

전쟁 전의 다롄시에는 약 100만 명의 일본인이 살고 있었는데, 그 이름을 딴 '대련회'라는 조직이 있어, 개혁·개방 후에 일본 기업이 진출하는 데 큰 역할을 했다.

1917년, 러시아 혁명 후에 망명 러시아인이 들어와, 지금도 서구식 건물이나 일본인 거리가 남아 있다. 최근까지 다롄시의 시장은 일본어를 유창하게 구사했다. 기간산업이 없어, 지역기업의 대부분은 기계부품의 조립·제조 등에 만족하고 있다.

일본 기업의 진출도 포화상태여서, 지금 신기업이 들어올 여지는 없다. 최근 패션쇼 개최로 세계적으로 알려져, 매년 세계 각지의 관계자가 참가하고 있다. 일본인과 옛날부터 교류가 있었기 때문에, 앞으로도 수월하게 거래할 수 있는 지역이다.

랴오닝성은 전국시대 연(燕)나라에 속했으며, 청나라 때 성경(盛京, 지금의 선양)이라 불린 도시가 세워졌다. 그후 봉천성(奉天省)으로 개칭되었다가, 1929년 랴오닝성이 되었다. 그 역사가 구석기시대로 거슬러 올라가며, 해방 후의 조사에서는 5천 년 전의 유적이라고 할 만한 만리장성 외측에 있는 홍산석화상(紅山石畵像)이 발견되어, 세계 최고의 농경문화를 자랑하고 있으며, 황허문명보다 더 오래되었다고도 할 수 있다.

랴오닝성의 이름은 지역의 중앙을 흐르는 랴오허(遼河)에서 유래한다. 남부는 보하이만(渤海灣)에 면한 랴오둥반도이며, 동남부는 압록강을 끼고 북조선과 인접해 있다.

기후는 쾌적하지만 겨울에 매우 춥고, 사계절이 뚜렷하다. 중앙부에 동북 대평원에 이어진 랴오허 평야가 있어, 비옥한 농업지대로 유명하다. 농산물로는 쌀, 옥수수, 목화 등 특산물이 많다. 수산물로는 참새우가 대표적이며, 양식이 성행한다.

지하자원이 풍부하여, 석유, 석탄, 광석, 비철금속, 비금속광산물 등을 산출하고 있다. 공업에서는 철강, 기계, 자동차, 조선, 차량, 전자, 석유화학, 건축자재 등이 발달했고, 국유기업이 많아, 전국 굴지의 중화학공업기지가 되고 있다.

다롄, 뤼순(旅順)의 훌륭한 항구를 통해 세계 각 도시와 교역을 하고 있다. 철도도 국내에서 가장 고밀도로 설치되어 있으며, 선양에서 다롄까지의 고속도로는 전국에서 가장 빨리 개통되었다. 특히 1990년대의 눈부신 경제 발전으로, 이 시기에 수많은 일본 기업이 다롄으로 진출했다.

만주족 '청 왕조'의 발흥지

성도는 선양시이다. 1945년의 패전 때까지 일본인은 이곳을 '평톈'이라고 불렀다. 이 지역은 1616년경, 만주(여진)족 가운데 한 부족의 우두머리인 누르하치(후의 청나라 초대황제)에 의해 통일, 국호를 '금'이라고 칭했다. 1636년, 아들 홍타이지(청조 제2대 황제)의 시대에 국호를 '청'이라고 바꿨다.

상하이人, 홍콩人, 베이징人

시간은 흘러 1930년대에 일본군이 중국을 침략하여, 1934년에 청조 최후의 황제 푸이(溥儀)를 집정에 세워 만주국을 건국했다. 수도인 창춘(長春, 신징)을 '펑톈'이라고 정했지만, 전후 해방 후에 '선양'으로 개칭했다.

남부의 도시 다롄시는 '북방의 홍콩'이라고 불리우는 항구 도시이다. 현재, 1만 톤급의 대형 선박이 동시 정박할 수 있다. 상하이에 이어 중국 제2의 무역항이며, '북쪽의 홍콩'을 목표로 하고 있다.

일본 기업의 현지 비즈니스 활동도 활발하다. 선양시에는 비즈니스호텔을 건설중인 도요코인, 자동차용 엔진의 수동변속기 등을 생산하는 미쓰비시 자동차, 미쓰비시 상사, 굴삭기를 생산 판매하는 고가기계금속, 도요타통상 등의 일본 기업이, 또 다롄시에는 승용차 '파제로'를 판매하는 미쓰비시 자동차, 플라스틱 새시 제조 판매로 유명한 YKK, AV기기용 부품가공의 히라타화공, 도쿄화성공업, 휴대전화용 진동모터를 생산하는 마부치모터, OA기기의 도시바, 복사기 제조의 캐논, 목재·건축자재 및 주방기기 생산의 토스템 등의 일본기업이 진출해 있다.

랴오닝성은 청 왕조의 발흥지로, 청조 말기에 일어난 '침관동(闖關東, 동북 3성의 생계를 요구하며 일어난 운동)' 조류를 타고 허베이, 산둥 등에서 온 이민에 의해 개척의 기초가 다져졌다.

92%가 한족이고, 소수민족이 약 300만 명. 그 가운데 만주인이 가장 많은 약 200만 명이다. 성 주민의 약 60%가 이민으로, 이

들과의 혼혈이 이루어진 결과, 허베이 · 산둥인과 기질적으로 닮은
점이 많다. 인내심이 강하고 솔직하며, 의리가 있고 성실하여 노력
형이라고 할 수 있다.

_____애주가이며, 무인 지향의 랴오닝성 기질

유명인으로는 청나라 태조 누르하치와 그의 아들 홍타이지 황제
외에, 중화민국의 군벌 정치가 장작림(張作霖)[11], 그의 장남으로 군인
이자 정치가인 장학량(張學良)[12] 중국공산당 중앙위원 리꾸이셴(李貴
鮮) 등을 배출했다.

　랴오닝성 사람은 큰 체격과 시원시원하게 생긴 얼굴이 특징이
다. 턱이 단단하고, 눈빛이 예리하다. 이마는 넓고 잘생겼으며, 입
과 코는 보통의 아시아인과 비슷하다. 듬직한 체격에 대인다운 인
상이 풍긴다.

　순수 토박이는 적으며, 산둥이나 허베이에서 온 이민과 만주

11　장작림 : 1875~1928, 遼寧省 奉天 출신. 1919년 東三省의 실력자가 되면서 봉천군벌 봉천
　　파를 형성하였다. 22년 1차 봉직전쟁 패하고, 2차 봉직전쟁에서 승리하여 대원수가 되었다.
　　그러나 국민당의 북벌에 의하여 쫓기던 중 그가 탄 열차가 관동군의 포탄에 맞으면서 사망했다.

12　장학량 : 1898~?, 장작림의 큰아들. 부친이 폭사한 후 뒤를 이어받아 동북의 주권을 잡았다.
　　일본의 반대를 밀어내고 동북을 공산당이 지배하에 두었다 장제스에게 가담하여 山西, 西北
　　양군을 통치하였으나 만주사변 이후 기반이 붕괴되었다.

　　　　　　　　　　　　상하이人, 홍콩人, 베이징人

인이 다수를 차지하고 있다. 무인다운 기상이 있어 용감하지만, 임기응변에는 능하지 않다. 그러나 본질적으로 성실한 사람들이 많다. 희로애락의 감정을 솔직하게 표현하고, 좋고 싫음이 분명하다. 의지가 강하고, 주체성 있으며, 개성적이어서 자신의 생각을 당당하게 주장한다. 그 반면, 제멋대로이고 고집 센 면도 있다.

애주가가 많아, 같이 술을 마시지 않고서는 비즈니스 상담이 제대로 이루어지지 않을 때도 있다. 가장 큰 특징은 돈 내기를 아까워한다는 것이다. 하지만, 관혼상제 때는 분수에 넘칠 만큼 돈쓰기를 사양하지 않는다.

신용을 중시하는 랴오닝 상술

거래를 할 때에는 철저히 신용에 근거한다. 대인관계를 소중히 여겨, '친구→신뢰관계→거래'라는 식으로 진행해 간다. 거래나 타산을 염두에 둔 교제라면 성공률이 낮다. 먼저 친구가 되어 사귀면서 비즈니스를 시작한다. 한번 약속하면 신용을 잃을 만한 행동은 하지 않는다.

무리한 거래나 상담을 싫어하기 때문에, 성급하게 추진하는 것을 그다지 달가워하지 않을 것이다. 상담중의 판단에서는 충동적이고, 그때 그때의 기분에 따라 결정하는 경향이 있다. 앞에서도 말했지만 술자리를 즐기는 사람이 많기 때문에, 마음에 들어하는 요리로 접대하면서 분위기를 잘 타면 상담이 쉽게 이루어질 수도 있다. 랴오닝성의 상인은 세계 어느 상인과 비교해도 신뢰할 만하다.

일에도 적극적이고 책임감도 강하다. 청나라를 세운 만주족의 영향을 받아 강인한 생명력을 지니고 있으며, 능력도 뛰어나고 행동력도 풍부하다. 사람을 잘 다루지는 못하지만, 부하의 일에는 의협심을 가지고 대응하며, 사람을 배신하는 일이 거의 없다. 부하에 대해서는 관용적이고 상냥하지만, 때로 냉정하게 선을 긋는 경우도 있다.

부하의 경우는 쓰촨성 출신자와 마찬가지로 입신출세의 욕망이 강하다. 협조성 있고, 지력과 판단력도 뛰어나다. 일에 능동적이고 성심을 다한다. 선양 출신 부하는 근면하고 끈기 있지만, 다롄 출신 부하는 별로 끈기가 없다.

여성은 성격이 대범하고 개방적이어서 사귀기 쉽다. 조숙하고 연애에도 적극적이어서 대하기 편하다. 그러나, 활발하게 생활을 즐기지만, 금전감각이 부족하다. 그다지 내세울 것 없는 남편에게도 적극적으로 내조해주는 타입이 많은 반면, 개혁·개방의 침투 영향으로 남편이 무능하다고 판단되면 즉각 이혼하는 예도 적지 않다.

지역간의 라이벌 의식이 강하기 때문에, 선양 등의 역사나 인물의 독자성을 존중하는 것이 중요하다.

주요 명소는, 선양시의 고궁, 만주족 홍타이지 능묘인 북릉(北陵), 누르하치 능묘인 동릉(東陵) 등 청조 관련 사적이 많다. 다롄시

상하이人, 홍콩人, 베이징人

의 씽하이공원〔星海公園〕, 라오탄공원〔老灘公園〕의 해변이 아름답다.

안산시 근교의 쳰산〔千山〕은 도교와 불교의 명산으로 유명하다. 진저우시 이현〔義縣〕의 봉국사〔奉國寺〕는 랴오닝을 대표하는 불교사원으로, 나라의 중요문화재로 지정되어 있다.

黑龍江省

헤이룽장성

─정이 많고, 완고한 호랑이

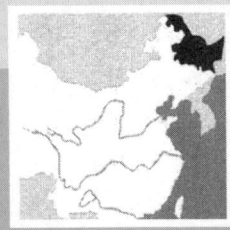

면적 45만 4000km²

인구 3689만 명

주요도시 하얼빈시

중요점 전쟁 전, 일본의 만몽(滿蒙)개척단이 거주

러시아 상대 비즈니스의 최전선

헤이룽장성의 성 이름에 들어 있는 것은 '용'이지만, 예부터 호랑이의 이미지가 강했다. 러시아와 관계 깊은 하얼빈 같은 도시가 있기 때문이다.

중국의 동북 최북단에 위치한다. 성 이름은 지역 내 최대 하천인 헤이룽강에서 딴 것이다. 성 전체의 모양이 백조와 비슷해, 우아한 느낌을 더해준다. 총면적의 60%가 산지와 구릉이다. 북동부에는 장바이〔長白〕산맥, 쑹화강〔松花江〕·헤이룽강〔黑龍江〕·우수리

상하이人, 홍콩人, 베이징人

강으로 둘러싸인 싼장[三江] 평원이 펼쳐져 있고, 지린[吉林], 내몽골 자치구와 인접해 있으며, 러시아와의 국경은 실로 3000킬로미터에 이른다.

헤이룽강 일대는 옛 만주족의 선조라 할 수 있는 여진족이 마을을 이룬 바 있다. 제정 러시아의 침략으로 1898년 이후 대부분이 러시아에 점령당했으며, 1930년대 '만주국'이 되어, 일본인의 만몽개척단이 이주했다.

현재 헤이룽장성의 인구는 약 3689만 명인데, 한족이 그 95%을 차지하고 있으며, 만주족 118만 명, 조선족 45만 명, 몽골족 14만 명, 후이족 14만 명, 그외 오로촌족, 다구르족 등이 살고 있다.

대다수를 차지하는 한족의 대부분은 산둥성·허베이성에서 이주해온 빈농으로, 지역의 풍속이나 습관, 생활양식도 산하이관[山海關]을 경계로 한 동북 3성 이외의 지역과 비슷하다.

대두, 목재의 주산지

수백년 전까지만 해도 인적 드문 심산유곡으로, 싼장평원의 '북대황[北大荒]'이라 불린 불모지였다. 전형적인 대륙성 계절풍 기후로 겨울이 길고, 토양은 비옥하여 전국에서 손꼽히는 곡창지대이다. 주요 농산물은 벼, 옥수수, 대두, 무, 아마 등인데, 대두 생산은 중국 제1위이다.

안링〔安嶺〕산맥의 침엽수림은 국내 최대의 삼림지대로, 중국 내 목재 생산의 50%를 자랑하는 제1위이다. 산악지대에서 얻을 수 있는 각종 약초 및 담비 모피, 녹용, 고려인삼은 '동북3옥'이라 불리고 있다.

공업에서는 1960년대에 개발된 국내 최대의 다칭〔大慶〕유전이 있으며, 화학·중기계공업의 수준은 높지만, 국유기업의 대부분이 경영부진을 면치 못해, 특히 목재가공, 군수산업의 불황이 심각하다.

헤이룽장성은 원래 국경 방위의 요충지였다. 중국해방 후인 1950년대 초기는 중국·소련 밀월시대로, 국경 부근의 헤이룽강〔러시아 명 아무르강〕이나 우수리강을 건너, 중국과 소련 인민들의 민간교류가 있었다.

하지만, 50년대 후반부터 중·소간 이데올로기 논쟁이 불거져, 국경지대에서 양국의 군사가 대치하는 심각한 사태로 발전했다. 1969년에는 국경 우수리강의 전바오섬〔珍寶島, 러시아 명 다만스키섬〕에서 군사 충돌이 발생하기도 했다.

70년대부터 80년대 초기까지 중·소의 냉전상태는 계속되었지만, 1986년 소련공산당 고르바초프 서기장의 등장으로 대화노선이 부활했다. 90년대에 중·러간 국경협정이 체결되어, 양국의 관계도 크게 호전되었다.

서구문화의 영향을 받은 도시

이 일은 헤이룽장성의 경제에 영향을 미쳐, 지금은 러시아 비즈니스의 최전선 기지로 변모했다. 구 소련과의 역사적인 관계와 지역의 이점을 살려, 물물교환무역에서 외화경제무역으로 발전했고, 상설시장 설치와 정기적인 상담도 이루어지고 있다. 또한, 일본으로부터 기술을 도입한 제품을 러시아나 동구에 수출하는 일에도 전념하여, 동아시아 경제권에 지반을 다지고 있다.

성도인 하얼빈은 만주어로 '그물 말리는 곳'이라는 뜻이다. 11세기경까지 만주(여진)족이 지배하는 쑹화강 유역의 어촌에 불과했지만, 19세기 후반, 청나라로부터 둥칭〔東淸〕철도의 부설권을 얻은 러시아인이 진출하여, 러시아인 거리를 건설했다. 시 중앙부의 하얼빈역에서 북부 쑹화강 부근에 걸쳐 그 거리의 모습이 남아 있다. 보르시치(러시아식 수프) 등 러시아 요리를 제공하는 레스토랑도 많다.

하얼빈은, 1932년부터 45년까지의 '만주국' 시대에는 일본의 지배하에 있었다. 일본의 패전 후, 소련군에 이어 인민해방군이 진주하고, 54년에는 헤이룽장성에 편입되어 성도가 되었다.

하얼빈에는 전쟁 전 러시아 이외에도 영국, 독일, 프랑스 등 20개국 이상의 영사관이 설치되어, 중국 북방지역에서 서구문화의 영향을 가장 많이 받은 도시였다. 중국 내 클래식 음악의 오케스트라 발상지이기도 하여, 1961년부터 개최되어온 콘서트 '하얼빈의 여름'은 세계적 수준의 이벤트가 되고 있다.

만주국의 잔재가 남아 있는 곳

헤이룽장성은 랴오닝성, 지린성과 함께 전쟁 전의 일본과 밀접한 관계에 있었다. 1931년 이후, 중국으로의 영토 확장을 노린 일본의 침략으로 청조 최후의 황제 푸이를 괴뢰 정부로 세운 '만주제국'의 일부가 되어, 만주국 시대에 많은 일본인이 만몽개척단으로 이주, 헤이룽장성의 싼장평원 주변에 정착했다.

하지만, 일본의 패전으로 '만주제국'은 붕괴되고, 일본의 관동군 외에 만몽개척단도 황급히 도피했지만, 그 과정에서 남겨지거나 도피 시기를 놓친 여성과 아이들이 '중국 잔류 부인·고아'가 되었다. 이 문제는 전후 50년이 훨씬 지난 지금도 일본에게는 전후 문제의 큰 과제로 남아 있다.

현재, 헤이룽장성에는 소형 자동차 생산으로 미쓰비시 자동차 등의 일본 기업이 진출해 있다.

순박한 개척농민 기질

남성은 키가 커서 '호랑이의 키, 곰의 허리'라고 불릴 정도로 듬직한 신체를 가지고 있다. 이마는 넓고 눈은 크며, 코는 잘 뻗었고, 입은 크고 야무지게 다물고 있다. 중국 고대인의 이상적인 모습으로, 산둥인과 닮았다고도 할 수 있다. 소박하고 부지런하며, 허세

상하이人, 홍콩人, 베이징人

를 부리기보다 착실히 일에 몰두하는 경향이 강하다.

의리가 있어 남을 돕기를 좋아하며, 다른 사람을 속이는 일은 거의 없다. 일단 친구로 여기면, 아무것도 숨기지 않고 속마음을 다 털어놓는다. 필요한 경우, 목숨을 내놓고서라도 친구를 도우려는 성격이다. 가혹한 자연환경 탓에 제약을 많이 받아, 영세한 농업에 의존할 수밖에 없다. 따라서, 무거운 부담감을 견디며 절약하는 생활에 익숙해 있다. 가정에서는 보수적이어서, 자녀는 부모에게 복종한다. 이러한 자급자족과 도덕관념을 가지고 자연과 현상에 만족하며, 그다지 진보와 발전을 요구하지 않는다.

역사상의 인물로는, 청조 말기에 정치를 좌지우지했던 문종황제비 서태후, 영화 '마지막 황제'로 유명한 청조 마지막 황제 푸이, 중국공산당 농업경제관료 천준성〔陳俊生〕 등이 있다.

비즈니스에서는 상도의를 중시하고, 신용을 소중히 여기며, 공공연하게 일을 추진한다.

"군자는 도를 꾀하고, 소인은 먹을 것을 꾀한다"는 도의적인 가치관을 가지고, 남에게 손해를 입히는 행위는 하지 않는다. 그리고, 그들은 행동이 가볍거나 잘 알지 못하는 사람과는 교역을 하지 않는다. 상대의 신용도를 알아본 뒤에 교제한다.

헤이룽장성의 술과 맥주의 소비량은 중국 최고라고 하는데, 이 지역에서는 술을 마시며 대화하는 것을 중요하게 여긴다. 술은 상대와의 관계를 부드럽게 만들어, 우호를 증진하는 수단이다. 따라서, 그런 분위기에 동참할 수 있다면, 상담은 순조롭게 이루어질 것이다. 하지만, 한번 신용을 잃으면 상대뿐 아니라, 상대가 속한 그룹 전체로부터 완전히 외면당할 수도 있다. 이익만 좇아 무리한 거래나 상담을 하려고 하면, 헤이룽장성 사람의 신뢰를 잃고 만다.

여성은 키가 크고 미인이 많다. 남성은 자기위주인 경향이 있다. 거래에서도 약속을 지키지 않는 면이 있다. 자신의 이익을 지키기 위해 열심이지만, 돈 지불에 인색하고 계약서 등도 교환하지 않는다.

옛날에는 마적도 있었다는데, 현재는 개척단의 자손들이 많다. 중국을 상대로 한 비즈니스에서 가장 문제인 곳은 아마도 헤이룽장성일지 모르겠다.

헤이룽장성에서 비즈니스에 성공하면, 동북 3성에서도 성공할 수 있다고 할 정도로 까다로운 상대이다. 모험정신이 풍부한 기질이기 때문에, 베이징·상하이 등의 대도시처럼 완전히 정착된 거래는 어렵다고 보면 된다.

헤이룽장성 출신 상사는 대담하고 모험을 꺼리지 않는다. 생각을 하든 실행을 하든, 사실과 객관적인 조건을 중시하고, 일단 목표를 정하면 철저하게 이루어낸다. 하지만, 용기가 넘치는 것에 비해 지혜가 부족하다. 정보에 약하기 때문에, 곤란에 처해지면 경험에 의지하거나 습관이나 감정만으로 일을 처리한다. 창조성은 별로 없다.

한편, 부하의 경우는 성실, 근면하고 노력을 아끼지 않는다. 상사에 대해서는 절대 복종하고, 힘들어도 꾹 참지만 적극성이 부족하다. 일처리가 꼼꼼하지는 않지만, 실패해도 주저앉지 않는 강인한 면도 있다. 실력을 발휘할 수 있는 분위기 만들기가 중요한 포인트이다.

여성은 근면하고 성실하다. 너그러운 심성을 지녔으며, 정직하다. 정열적인 면도 있어, 일단 일이 생기면 적극적으로 돕는다. 개방적이어서 남녀관계에서도 애정을 솔직하게 표현하지만, 남에게 잘 속아 돈을 헤프게 쓰는 경향이 있다. 큰돈을 잃는 일도 종종 있다.

헤이룽장성에는 한족 이외의 이민족이 많기 때문에, 그들을 비방하는 '멍청이, 잡종'이라는 말은 금물이다.

명소·사적으로는, 닝안〔寧安〕의 발해국 상경 용천부 유적, 아청〔阿城〕의 금 상경 회령부 유적, 무단장 상류의 징보호〔鏡泊湖〕 출구인 다오쉐러우〔弔水樓〕 폭포, 북부의 우다롄호〔五大連湖〕, 하얼빈의 타이양다오〔太陽島〕 등이 있다.

타이완

—자본주의의 혜택을 입은 영화의 섬

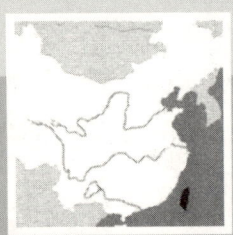

면적 3만 6000km²

인구 2192만 명

주요도시 타이베이시(台北市)

중요점 독립을 모색하는 내성인(內省人, 청나라 무렵 건너온 한족)

네덜란드를 몰아낸 영웅 정성공

타이완은 중국 푸젠성의 동남해상에 위치하며, 동쪽은 태평양에 접해 있고, 동북부는 일본의 류큐열도와 가깝다. 본섬과 평후열도 〔澎湖列島〕 및 몇개의 부속 섬으로 구성되어 있다.

타이베이시는 타이완 최대의 도시로, 정치·경제·문화 등의 각 기능이 집중해 있고, 정부의 중추기관, 국내외의 대기업, 대학 등 고등교육기관과 주요 공공시설 등이 설치되어 있다.

말레이—폴리네시아 계 민족에 속하는 원주민과 대륙 쪽 지역

상하이人, 홍콩人, 베이징人

의 어민이 거주하는 타이완이 세계적인 주목을 받게 된 것은 17세기에 들어서면서부터이다. 서구 제국의 대항해 시대, 먼저 네덜란드가 교역기지로서 타이완 남부를 점령했다. 당시 동인도회사를 설립한 네덜란드는, 설탕의 원료가 되는 타이완 산 사탕수수나 사슴 가죽 등의 수탈과 수출에 목적이 있었다.

명조에서 청조로 바뀐 시기에 '반 네덜란드, 명 회복'을 내세우며 등장한 인물이 푸젠성 출신의 지도자 정성공(鄭成功)[13]이다. 아버지는 명조의 유신 정지룡(鄭芝龍), 어머니는 나가사키현 히라도 출신의 일본인이다. 일·중 혼혈인 정성공은 명조 부흥을 위해 '타도 청조'를 외치며 타이완으로 이주, '반 청조, 반 네덜란드' 항쟁을 전개했다.

그는 타이완을 통치하는 네덜란드를 굴복시키고 영웅으로 떠올랐지만, 뜻을 다 이루지 못하고 병사했다.

정성공 일가의 쇠퇴 후, 타이완은 청조 통치 시대가 계속된다. 19세기 청일전쟁 후 약 50년 동안 일본의 식민지가 되었다. 그리고, 중일전쟁 후인 1949년 가을, 마오쩌둥이 이끄는 중국공산당과 중국인민해방군이 중국 전토를 제압했다.

정치 항쟁에 패한 장제스와 국민당은 타이완으로 후퇴하여, 대륙 반격의 거점으로 삼았다. 이 시기, 국민당 관계자와 마찬가지

---

13   정성공 : 明末清初에 타이완과 대륙연안 일대에 걸쳐 활동한 해상세력의 지배자. 일본, 루손, 남양 여러 지역과 무역활동을 하였다.

로 공산당 정권하의 중국을 싫어했던 대륙 주민 약 200만 명이 대량 이주하여, 후에 '외성인(外省人)'이라고 불리는 타이완 주민의 기초가 되었다.

전후의 타이완은 장제스가 이끄는 국민당 통치시대가 오래 지속되어, 장제스 사후에는 아들 장징궈(蔣經國) 시대를 거쳐, 1988년 타이완 최초의 민족파 총통 리덩후이(李登輝)가 탄생했다.

정치적·경제적으로 독자 노선

장제스, 장징궈 부자 통치시대의 타이완은, 공산당 정권하의 중국 대륙과 군사적 긴장관계에 있어서 계엄령 상태였다. 그후, 1972년 2월 닉슨이 중국을 방문하고, 같은 해 9월 일본과 중국의 국교회복, 일본과 타이완의 단교, 79년 미국과 타이완 단교……등 타이완의 정치적 시련이 끊이지 않아, 국제사회로부터 고립된 시기이기도 했다.

민족파 리덩후이 총통의 탄생으로 1990년대 이후는 정치단체나 정당 활동의 자유, 언론 활동의 민주화, 총통 직접선거제도의 도입 등 다양한 민주화 정책이 시행되어, 96년 3월 리덩후이가 민선 총통으로 당선되었다. 또한, 2000년 3월의 타이완 총통선거에서는 야당 민주진보당의 천수이볜(陳水扁)이 당선, 50년에 걸친 국민당 통치시대가 막을 내렸다.

그후에도 타이완 독립문제 등으로 중국 대륙의 공산당과 대립, 긴장관계를 유지하면서, 천수이볜 총통 지도하에 타이완은 정치적·경제적으로 독자노선을 걷고 있다.

'네 마리 용'의 리더격

전후, 장제스가 이끄는 국민당에 의해 통치된 타이완은, 대륙의 사회주의 경제정책과 다른 자본주의 체제하의 독자적인 경제력으로 1970년대부터 두각을 나타내, 대륙의 정치력에 대항하기에 이르렀다. 1994년의 시점에서 1인당 국민소득은 1만1600달러로까지 상승하여, 세계 25위에 랭크되었다.

원래 동아시아에 있어서 '용'이란 수천 년에 걸쳐 '거대한 권력의 상징'이었으며, 역사적으로 용의 자리에 있었던 것은 중국이었다. 하지만, 전후 50년은 기적의 고도 경제성장을 이룬 일본이 중국을 대신하고 있었다.

그러나, 이 4반세기 타이완은 이웃하고 있는 '네 마리 용(한국, 타이완, 홍콩, 싱가포르)'의 리더로서 일본보다도 빠른 속도로 근대화에 성공했다. 중국 본토에 대한 투자도 홍콩의 뒤를 잇고 있으며, 건수로는 2만 건, 총액 150억 달러 이상이다.

내성인 기질과 외성인 기질

현재의 타이완인은 '내성인'과 '외성인' 두 계통으로 나뉜다.

내성인은 타이완 건국 이전부터 살고 있던 주민을 말하는데, 토착민 내성인과 한족계 내성인으로 구분된다. 한족계 내성인은 또 민남계와 객가(客家, 하카 : 황허 중류에 살던 한족이 남쪽으로 이주한 정통 유랑민)계로 나뉘며, 그 역사를 더듬어가면 대부분은 푸젠성 출신이다. 그 증거로 타이완의 내성인 가정에서는 푸젠성의 방언 '민남어'를 사용한다. 또, 대륙 푸젠성의 샤먼시(厦門市)·푸저우시(福州市) 사람들과 타이완 내성인의 생활습관이나 문화·풍습 등이 놀랄 만큼 비슷하다는 것도 분명한 사실이다.

한편 외성인이란, 타이완 '건국' 후에 중국 대륙 각지에서 건너온 사람들과 그 자손을 포함한 총칭으로, 종래의 내성인과 외성인 사이에는 성격적으로나 기질적으로 상당히 다른 부분이 있다. 내성인 중에서도 민남 출신자는 적극적, 낙천적, 성실, 근면하다. 그리고 객가 출신자는 인내심이 강하고, 진취적 기상이 풍부하며, 대세를 간파하여 사업에 성공하는 자질이 있다. 외성인의 대륙 출신자는 온화하고 순종적이며, 민첩하지 않지만 끈기가 있고, 보수적·폐쇄적이다.

하지만, 전반적으로 타이완인의 성격은 개방적이고 산뜻하다고 할 수 있다. 특히 일본에 대해서는, 과거 일본의 통치시대가 있었음에도 불구하고 매우 호의적이다. 경제적 영향도 커서, "일본

상하이人, 홍콩人, 베이징人

이 감기에 걸리면 타이완이 몸살난다"고 말할 정도이다. 타이완인은 경제, 산업, 문화, 풍속, 패션 등의 모든 면에서 일본인을 의식하고, 뭐든지 자기 것으로 만들려고 노력한다.

현재 타이완에 진출한 일본 기업으로는, NEC, 후지쓰, 세이코엡손, 마쓰시타전기, SONY, 아이신 정기, 펄악기, 미쓰이 금속, 닌텐도, 야마하, 오키전기, 쓰바사 시스템, 교세라, 일본 판유리 등이 있다.

타이완 출신의 유명인으로는, 전 타이완 총통 리덩후이, 현 타이완 총통 천수이볜, 영화 〈비정성시〉의 감독 허우샤오셴〔侯孝賢〕, 가수 고 테레사 텐, 재일작가 큐 에이칸〔邱永漢〕 등이 있다.

박리다매 방식의 타이완 상술

타이완이 세계 제일의 외화 보유국이 된 이유는 단순한 데 있다. 먼저 외국으로부터 부품을 수입, 저렴하지만 우수한 노동력을 고용하여, 장시간 노동을 통해 만든 제품을 수출하는 방식이다. 선진국과의 임금 차이가 이익으로 남아 축적된 것이 현재의 흑자를 이뤄냈다.

타이완 상인은 표면적으로는 양보하는 것처럼 보이지만, 현장에서는 결코 출혈 판매하는 법이 없다. 큰 이윤을 바라지 않고, 싼 가격으로 서비스하여, 박리다매하는 방식이 그들의 특기이다.

힘든 노동을 잘 참아낸다는 점에서 타이완인은 세계 제일이라고 할 수 있다. 타이완 상인들이 앞으로도 근면한 정신을 잃지 않고, 적극적으로 시대를 앞서가려는 의지와 기력이 있다면, 타이완의 근대화와 경제 발전의 가능성은 매우 크다 할 것이다.

기업에서 타이완인 상사는 어려운 일을 임기응변으로 대처하는 기풍이 있다. 비즈니스 사회에 적합한 타입이라고 할 수 있다. 어떤 가혹한 경쟁에도 스트레스를 받지 않고 적응할 수 있기 때문이다.

또, 부하의 경우는, 현실주의자로 계산적이고 상황판단에 뛰어나다. 하지만, 이런 점 때문에 사내에서 눈총을 받기도 한다. 임기응변력은 좋지만, 나쁘게 말하면 신념이 약하고, 쉽게 변절하는 타입이라고도 할 수 있다. 또, 그다지 인내심이 강하지 않다. 근면한 성격이지만, 눈치가 빠르기 때문에 포기하는 것도 빠르다. 그런 점에서 문제 해결 능력이 뛰어나다고는 할 수 없다. 원래 문제를 사전에 회피하는 타입이다. 타산적인 면도 강하다.

여성은, 결혼관에 대해서는 진지한 편이다. 융통성이 좋고, 상대의 기분을 잘 헤아릴 줄 안다. 하지만, 평소에 자신의 감정을 직설적으로 표현하기 때문에, 싸우거나 헤어지는 일도 빈번하다.

내성인과 외성인들 간에는 라이벌 의식이 강하기 때문에, 각각의 앞에서 상대에 대해 칭찬하면 불쾌해 한다. 고사족(高砂族) 등의 토착민 내성인은 자존심이 강해, 그것을 다치게 하는 언행은 삼가야 한다.

주요 사적·명소로는, 타이베이 고궁박물원, 용산사(龍山寺), 타이난 적감루(臺南 赤嵌樓, 네덜란드 사람들이 행정센터로 사용하기 위해 1653년에 세운 곳), 어우란저성(熱蘭遮城), 아리산(阿里山), 르웨탄(日月潭, 타이완 최대의 천연호수), 화롄 대로각(花連 大魯閣) 등이 있다.

제 4 장

기타 각성(各省)의 성민성

상하이人, 홍콩人, 베이징人

장시성

—역대 병가들의 각축장

면적 16만 6900km²

인구 4140만 명

주요도시 난창시(南昌市)

중요점 중국혁명의 성지

장시성은 양쯔강 남쪽에 위치하며, 당나라 때 강남 서도의 관할 하에 있었기 때문에 '장시(江西)'라 부르게 되었다. 북부에 중국 최대의 담수호인 포양호(鄱陽湖)가 있고, 그 근처에 우뚝 솟은 루산(廬山)은 '천하의 으뜸'이라 불릴 만큼 아름다운 산으로 유명하다. 호수의 동쪽에 '도자기 마을'인 징더전(景德鎭)이 있다.

성도 난창시(南昌市)는 1927년의 난창봉기로 유명하다. 비밀 결사대의 우두머리로 지방군벌을 이끌고 국민당군에 가세했던 주더(朱德, 1886~1976) 장군과 하룽(賀龍, 1896~1969)이, 공산당 간

부인 저우언라이〔周恩來〕와 함께 난창에서 무장봉기하여 중국 적군〔赤軍〕을 결성한 후, 중앙 소비에트식 구역 징강산〔井岡山〕에서 마오쩌둥 부대와 합류했다.

장시성은 종종 역대 병가들의 싸움 무대가 되었으며, 혁명의 성지로 알려져 있다. 현재도 산업은 농업이 주체로, 쌀과 차의 생산이 주를 이룬다. 비철자원도 풍부하지만, 국경 지역으로 생활은 아직 빈곤하다.

흔히 '장시 촌뜨기'라고 불리는데, 성실하고 완고한 기질이 있다. 척박한 환경에서 자라 의지가 강하고, 실천력, 정의감, 인내심이 강하다. 장시 사람은 의리와 인정이 넘치기로 유명하지만, 사업에는 소질이 없다. 여성은 보수적이고 현모양처형이다.

안후이성

—난세 영웅들의 싸움터

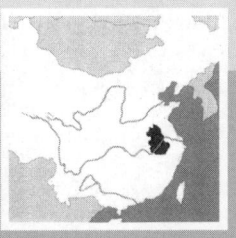

면적 13만 9700km²

인구 5986만 명

주요도시 허페이시(合肥市)

중요점 인내, 노력형의 안후이 상법

안후이성은 춘추전국시대의 '환'나라 때부터 영웅호걸들이 패권을
다툰 지역이다. 진(秦)나라 때 그 유명한 농민 최초의 무장봉기가
일어났고, 그후에도 각지에서 싸움이 벌어져 "천하는 안후이에서
부터 흔들린다"는 말이 나올 정도이다.

　　동북부의 중원에 속하며, 당나라 때는 북방민족이 침공하고,
서방 유라시아 지방에서 이민족이 이주해왔다. 그 결과, 한족의 주
류가 남하하는 현상이 빚어진 것이다.

　　안후이성 사람들의 기질은 세 가지로 나눌 수 있는데, 화이베

이〔淮北〕는 무예를 존중하고, 장화이〔江淮〕는 학문과 예술을 좋아하며, 장난〔江南〕은 풍부한 물자를 배경으로 생활을 여유롭게 즐긴다고 할 수 있다.

안후이인은 얼굴형이 둥근 편이고, 넓은 이마 밑에 눈썹 꼬리가 처진 모양이며, 턱은 잘 뻗어 있다. 그리고 귀는 두텁다. 정의감이 넘치고, 인내심 있으며, 역경에 강하고 노력형이다. 안후이 상인은 예부터 행동 범위가 넓어, 서쪽은 둔황〔敦煌〕, 동쪽은 웨이하이〔威海〕까지 진출해 장사로 이득을 챙겼다.

이〔利〕에 밝고, 민첩한 것이 특징이다. 겉으로 드러난 행동 이면에 본심이 따로 있는 경우가 많아, 속 검다는 말을 자주 듣는다. 여성은 다른 지역에 나가 가정부 등의 일에 종사하는 사람이 가장 많은 성이다.

상하이人, 홍콩人, 베이징人

湖北省

후베이성

—삼국시대의 영웅 할거 무대

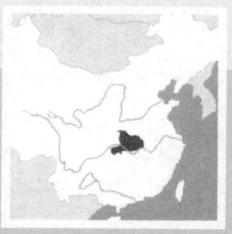

면적 18만 5900km²

인구 6028만 명

주요도시 우한시(武漢市)

중요점 교활한 '구두쇠' 상법

후베이성은 옛날 한족 이외의 이민족이 살았던 지역으로, 양쯔강 유역에 있으며, 토지는 비옥하여 풍부한 물의 혜택을 받고 있다. 양쯔강과 한강의 합류점이 성도 우한시다. 〈삼국지〉의 조조, 손권, 유비가 패권을 다툰 전란의 무대였다.

후베이인은 간계에 능하고, 교묘한 말로 위기를 넘기는 궤변가가 많다고 한다. 아담한 역삼각형의 얼굴에 이마는 넓다. 눈은 작은데 가늘고 길며, 턱도 길고, 입과 귀가 작은 것이 특징이다.

전국시대의 혼란 속에서 살아남기 위해 권모술수, 철면피, 교활, 간교함이 몸에 배어, 목적과 욕심을 이루기 위해서는 수단을 가리지 않는 비정한 후베이인 기질을 형성했다.

지성적이고 계획적이며, 냉정하고 치밀하다. 끈기있는 성격의 사람이 많으며, 후베이 상인은 금전감각이 뛰어나고, 돈을 무척 중시하는 경향이 있다. 돈 버는 데 일가견이 있으며, 거래가 틀어지면 손바닥 뒤집듯이 냉담해진다. 여성은 두뇌가 명석하고 예리한 판단력을 지니고 있다. 남성이나 여성이나 인색하기 때문에, '구두쇠'라는 말은 금물이다.

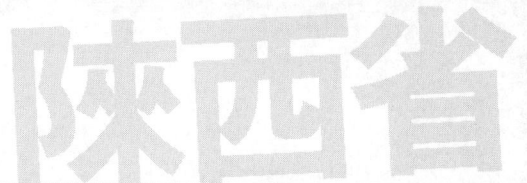

싼시성

─유아독존의 기질

면적 20만 5600km²

인구 3605만 명

주요도시 시안시(西安市)

중요점 남성은 냉철, 여성은 미인

황허의 중류에 위치하며, 황투(黃土)고원의 중부, 남쪽은 친링(秦嶺)산맥이 펼쳐져 있다. 성의 이름은 싼웬(陝原, 현재의 허난성 陝縣) 서부에 있었다고 해서 붙여졌다.

성도(省都) 시안시(西安市)는 3천 년의 역사를 지닌 고도이며, 한·당 등 11왕조가 거쳐갔다. 멀리 로마를 잇는 실크로드의 기점이기도 하다.

황허문명 발상지로, 전통적인 중국문화의 영향이 지금도 남아 있다. 일반적으로 떡 벌어진 체구에 키도 크다. 근육질에 두터운 턱이 특징이다. 입과 귀는 크며, 눈은 길게 째진 모양에 눈빛이 날카로운 사람이 많다.

냉철, 비정한 이미지가 강해, 다른 성에서는 싼시성 사람을 가리켜 '냉정한 인간'이라고 부르기도 한다.

고도 시안을 자랑으로 여겨 '천상천하 유아독존'의 기질이 있다. 사농공상의 계급적인 차별이 남아 있고, 농업은 성하지만 다른 성과 비교하여 경제적으로 뒤처져 있다.

싼시 상인은 얼렁뚱땅하는 면이 있어 장사에 능하지 않으며, 다른 사람과의 협조성이 부족하다. 여성은 '남쪽에 쑤저우 미인, 북쪽에 하얼빈 미인, 동쪽에 칭다오 미인, 서쪽에는 시안 미인'이라고 할 만큼 정열적인 미인이 많다. 금전적으로는 낭비하는 타입이 많아, 가계를 꾸리는 데 서툴다.

칭하이성

—칭하이 고원에 사는 유목민

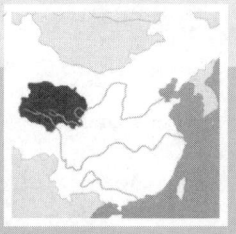

면적 72만 1200km²

인구 518만 명

주요도시 시닝시(西寧市)

중요점 투쟁심 왕성한 '칭하이 야인'

칭하이성은 옛날 흉노족 외에 저(氐)·강(羌)이라는 고지 유목민의
고향이었다. 이 저족과 강족은 현재 칭하이 지역에 정착한 티벳족
이다. 한 무제가 실크로드 교통로인 하서회랑(河西回廊)을 지배했는
데, 당시의 기록에 의하면 이 지역에 살았던 민족이 '강족'이다.
'강(羌)'이라는 글자에서 알 수 있듯이, 그들은 생활 양식으로 '양'
을 사육했던 고원의 유목민이었다.

　　후한 이후, 한족이 이 지역을 지배하게 되었지만, 청조 때까
지 고원의 유목민은 저항을 계속하여 역대 왕조에게는 상대하기

어려운 세력이었다. 현재, 성 내에는 약 40만 명의 티벳족이 있다.

흔히들 '칭하이 야인'이라고 부른다. 말상이라고 부르는 긴 얼굴, 거무스름한 피부가 특징이며, 이목구비가 어딘지 모르게 불균형을 이룬다. 이마는 좁고, 눈은 가늘다. 척박한 자연환경에 단련되어 투쟁심이 강하다. 현재의 칭하이인은 내륙에서 이주한 사람들이지만, 소수민족의 영향으로 단순·강직하고 융통성이 부족하다. 칭하이 상인은 성격이 급해 장사에 능하지 않다.

여성은 성실·근면한 사람이 많다. 칭하이인은 자존심이 강하기 때문에, 소수민족의 혼혈 자손이라는 말은 삼가야 한다.

甘肅省

간쑤성

—실크로드의 이방인

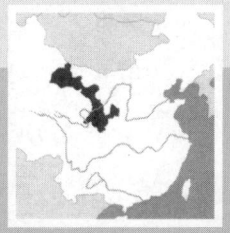

면적 45만 4300km²

인구 2562만 명

주요도시 란저우시(蘭州市)

중요점 용맹과감한 혼혈 기질

황허문명 발상지로, 역사적으로는 구석기시대에까지 거슬러 올라
간다. 또, 중국 최초의 농업이 이루어졌다는 기록이 남아 있다. 예
부터 '하서회랑'이라 불리는데, 이는 황허의 서쪽에 열린 '회랑 모
양'의 지역을 가리키며, 가느다란 통로라는 의미가 있다. 연간 강
수량이 적어, 공기가 건조하다. '아침에는 모피 코트, 낮에는 얇은
옷'이라고 말할 정도로 기온의 변화가 심하다.

'서융(西戎)'이라 불린 농경 유목민의 생활지였지만, 유목 기마
민족인 흉노족이 풍부한 토지와 물자를 노리고 수시로 침입하여,

끊임없이 전란이 이어졌다. 실크로드의 중계지점으로 이민족과 소수민족이 드나들었는데, 농경민인 '동이(東夷)', 수렵민인 '북적(北狄)', 유목민인 '서융', 남방 소수민족인 '남만(南蠻)' 등의 혼혈이 선조이다.

가혹한 자연환경과 오랜 전란의 시대를 견뎌낸 강인한 기질로 용맹스럽고 과감하다. 옛 서융 상인에 대해 현장 법사는 "풍속이 경박하여 곧 사람을 속인다. 대부분의 사람은 욕심이 많아 부모 자식 모두 돈에 눈이 먼…"이라고 기록하고 있다.

여성은 자존심이 강하고, 남의 이목에 신경 쓰는 타입이 많다. 가정 내에서는 내조를 잘하지만, 감정의 기복이 심하고, 질투심과 경쟁심도 강하다. 그 반면, 돈 모으는 재주는 없다.

닝샤 후이족 자치구

—시샤(西夏) 왕국의 이슬람교도

면적 6만 6400km²

인구 562만 명

주요도시 인촨시(銀川市)

중요점 상술에 능한 후이족의 후예

닝샤 후이족 자치구는 '요새 위의 강남(塞上江南)'이라 불린다.

'요새 위'란 만리장성의 위, 혹은 밖이라는 의미다. 춘추전국시대, 이곳은 강·융·흉노라는 이민족의 거주지였다.

중국이 송나라 때인 1038년, 강족의 왕 이원호(李元昊)가 타민족을 거느리고 닝샤지구를 점령해 대하(大夏)제국을 세웠다. 대하제국은 9대째 이어졌지만, 몽골의 칭기스칸이 이끄는 몽고 기마군단에 의해 멸망했다.

하지만, 현재도 후이족의 후예는 자치구 인구의 3분의 1을 차지하고 있다.

닝샤인은 이목구비가 뚜렷한 희고 갸름한 얼굴형을 가졌으며, 눈도 가늘어 사납게 보인다. 코는 잘 뻗었고, 콧구멍이 옆으로 크다. 한족과는 다른 외모이다. 실크로드 경유지로 자주 드나드는 아랍인이나 페르시아인의 영향을 받아, 후이족은 불교·마니교에서 이슬람교로 개종했다.

후이족은 두뇌가 명석하지만, 시기심이 강하다. 후이족 상인은 선견지명이나 상술이 뛰어나고 행동력이 있다.

후이족 앞에서 돼지고기 얘기나 '후이후이〔回回〕''후이즈〔回子〕'라는 말은 금물이다. 여성은 개성이 강하고, 좋고 싫음이 분명하다. 인내심 있고, 금전감각이 철저하여 좀처럼 지갑을 여는 일이 없다.

상하이人, 홍콩人, 베이징人

山西省

산시성

─중화문명의 발상지

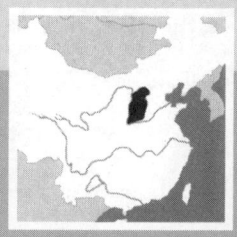

면적 15만 6300km²

인구 3297만 명

주요도시 타이위안시(太原市)

중요점 사교술이 뛰어난 산시 상술

산시성은 중국 고대문명의 발상지 가운데 하나이다. 요나라의 수도 평양[平陽], 순나라의 수도 푸빤[蒲坂], 우나라의 수도 안이[安邑] 등은 모두 산시성 남쪽에 있었다.

산시의 동쪽에 타이항산맥[太行山脈]이 있고, 서쪽에 황허가 흘러 '중원'의 비옥한 들판은 타이위안[太原] 분지까지 펼쳐져 있다. 윈강[雲崗]의 석굴예술은 세계적으로 유명한데, 불교 전래의 모습을 오늘날까지 전하고 있다. 성 내에는 중국 유수의 탄광장이 몇 군데나 있다.

고대부터 교역의 중심지로서 화폐 주조와 도자기 생산 등의 수공업이 성해, 옛 산시 상인은 이러한 제조품을 실크로드를 통해 국내외에 팔았다.

　　산시인은 예부터 '식초 단지'라고 불릴 정도로 식초를 좋아하여, 늘 옆에 끼고 마셨다고 한다. 검약을 중시하고, 견실한 기풍이 특징이다. 얼굴 생김새는 사각형에 가까우며, 턱이 잘 뻗어 있고, 넓은 이마에 가지런한 긴 눈썹, 날카로운 눈빛, 큰 코, 큰 입이 특징이다. 중국에서는 이것을 '승관발재(升官發財, 관직에 올라 재물을 이룬다)' 인상이라고 한다.

　　산시 상인은 안후이성의 신안(新安) 상인과 마찬가지로 재물·부귀에 최고의 가치를 두는 배금주의적이다. 하지만, 성격이 원만하고 협조심이 풍부하며, 사교술에 능해 장사를 잘한다.

윈난성

—농경 문화의 발상지

면적 39만 4000km²

인구 4288만 명

주요도시 쿤밍시(昆明市)

중요점 남만 기질의 의협인

소수민족의 보고라 불리는 윈난성에는 40개에 가까운 소수민족이 살고 있다. 고대부터 중세에 걸쳐 옛 타이족이 거주했었다. 동아시아 벼농사문화의 발상지로, 일본인과 외모가 비슷하여, 일본인의 선조 가운데 하나가 아닌가 하는 가설도 나오고 있다.

기후가 온난하여 꽃들이 만발해 있고, 고무나 약초 재배가 왕성한 식물왕국이다.

소수민족이 거주하는 변방 지역은, 원나라 몽골제국 시대에 중국령이 되었다. 윈난인은 이마가 각이 져서, 옆에서 보면 꼭 절벽 같다. 눈빛이 예리하고, 코는 잘 뻗었으며, 콧구멍이 옆으로 크다. 전체적으로 용모가 〈삼국지〉에 등장하는 인물들처럼 의협심 넘치는 타입이 많다.

이른바 '남만' 기질이 있어, 천성적으로 전투집단처럼 용기가 있으며, 의협심이 강하다. 정열적이고 감정의 기복이 심하다. 외부인이 '남만'이라고 놀리면 화를 내므로 주의해야 한다.

성도인 쿤밍에서는 1200년 전부터 매달 시장이 열려, 민족간의 농산물과 수공예품 등을 상호교환해왔다. 윈난 상술은 전통적으로 "서로 도움이 되는 것"을 중시한다. 기풍이 순박하여 신뢰할 수 있다. 여성도 단순 명쾌하고, 유머를 이해하는 활달한 미인이 많다.

貴州省

구이저우성

—변방 소수민족의 땅

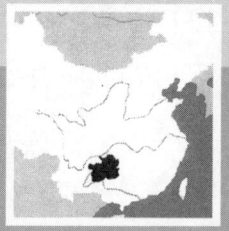

면적 17만 6100km²

인구 3525만 명

주요도시 구이양시(貴陽市)

중요점 마오타이주(茅台酒)와 양귀비 재배지

중국 서남부의 윈구이 고원에 위치한다. 쓰촨〔四川〕 분지와 광시〔廣西〕 분지에 끼여, 산과 협곡으로 둘러싸여 있다. 한족이 4분의 3이고, 나머지가 먀오족, 부이족, 돈족 등 약 30개의 소수민족으로 이루어져 있다.

중국 고대의 남방민족인 '월인'과 '백월'의 후예가 구이저우의 골짜기나 분지를 개간하여 논을 경작해왔다. 구이저우 쌀로 빚은 마오타이주〔茅台酒〕의 명산지이다. 옛날에는 유배지로, 중앙의 권력 싸움에서 패배한 명대의 사상가 왕양명(王陽明)이 3년 동안 유배 생활을 보낸 적이 있다.

구이저우 사람들의 생김새는 미간이 좁고, 눈은 동그래, 얼굴 전체가 균형이 안 맞는다.

보수적이고 급한 성격이며, 남의 말을 듣지 않는 편협한 면이 있다. 신해혁명 이후, 구이저우에서는 아편을 중요한 재원으로 여겨, 양귀비 재배가 성행하게 되었다.

노동자, 상인 할 것 없이 아편 중독에 시달려, 해방 전에는 구이저우에서 제대로 된 상업은 이루어질 수 없었다. 변화에 신속히 대응하고, 고집이 세며 이기적인 면이 있다.

여성은 금전감각이 발달하여, 좀처럼 지갑을 여는 일이 없다. 붙임성은 좋지만 타산적이어서, 겉과 속이 다르게 행동하는 경우도 종종 있다. 역사적으로 한민족에 대한 미움과 불신감을 갖고 있다.

湖南省

후난성

—대정치가를 배출한 지역

면적 21만 1800km²

인구 6440만 명

주요도시 창사시(長沙市)

중요점 마오쩌둥, 류사오치(劉少奇)의 고향

1974년에 후난성 창사시 교외에서 발굴된 마왕퇴(馬王堆) 유적은, 고대에 고도의 문명이 발달했다는 사실을 말해주고 있다. 수자원이 풍부한 후난 일대는 자연환경의 혜택으로 기후가 온난하고 전국에서도 손꼽히는 쌀농사 지역이다.

옛날 초나라 때의 영향으로 학문과 예술을 좋아하는 기풍이 있어, 무인보다는 정치가 쪽으로 많이 배출했다. 마오쩌둥, 류사오치, 류중샤〔劉中夏〕, 펑더화이〔彭德懷〕, 허룽, 이들은 모두 중국혁명을 지도한 거물급 정치가들이다.

후난인은 근육질의 몸에 큰 얼굴, 단단한 코, 곧게 뻗은 눈썹, 가늘게 째진 눈과 날카로운 눈빛이 특징이다.

농민봉기의 발상지로서 반골정신이 강하다. 지적이고 두뇌가 명석하며, 웅변과 권모술수에 능하다. 지위, 권한에 이상하리 만치 집착을 보이며, 적에 대해서는 잔혹하다.

후난 상인은 상술에 능해 논리적으로 따져가며 상거래를 하며, 인정에 호소하는 상술은 통하지 않는다. 결단력이 있고 기회에 민감하다. 눈앞의 이익에 현혹되지 않고, 장래를 내다보고 투자한다.

여성은 피부가 곱고, 몸매에 곡선미가 있다. 문화 수준이 높고, 활달하고 사교적이다.

광시 좡족 자치구

—맑고 아름다운 토지의 소수민족

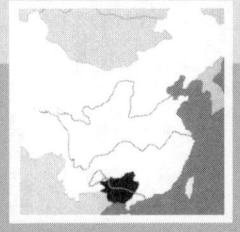

면적 23만 6600km²

인구 4489만 명

주요도시 난닝시(南寧市)

중요점 중국 경관의 극치 구이린(桂林)

광시는 아열대 기후에 속하고 고온다습하며, 여름이 길고 겨울은 따뜻하다. 남쪽은 통킹만(灣)에 접해 있고, 남서부는 베트남과 국경을 접하고 있다. 빼어난 자연환경을 누리고 있다.

성도 난닝시는 '숲의 도시'라고 불릴 만큼 가로수가 무성하다. "산이 아름답고 물이 맑으며, 돌이 예쁘고 동굴은 기이하다"고 말할 정도로, 중국의 자연미를 대표하는 경관을 갖춘 구이린(桂林)은 일본과도 인연이 깊은 관광지다.

광시 좡족의 선조는 낙월인(駱越人)으로, '낙월'은 진나라가 영남의 세력을 확대하기 전에 '백월'이라 불린 부족의 일파였다. 쫭족 외에 이오족, 먀오족, 이족, 퉁족도 거주하고 있다. 광시인은 체구가 아담하고 뾰족한 턱이 특징이다. 얼굴은 역삼각형으로 가늘다. 체격과 용모는 그다지 눈에 띄지 않지만, 묵묵히 실천하는 타입이 많다. 감수성이 예민하여 예술과 문학적인 감각이 있으며, 자존심이 강하다.

광시 상인은 민족과 지역에 따라 각양 각색이지만, 대체로 돈을 밝히지 않고, 의리와 인정이 넘치며, 성실하다. '농경 문화'를 가진 소수민족이 많기 때문에, 무슨 일에든 "적당히 하라" 주의다.

여성은 작고 활달한 미인이 많고, 현모양처형이다.

TIBET

티벳 자치구

—성자, 부처를 신봉하는 유목민

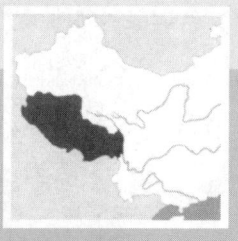

면적 122만km²

인구 262만 명

주요도시 라사시

중요점 감동적인 오체투지(五體投地)의 순례광경

티벳 자치구는 중국 서남단에 있으며, '세계의 지붕' '구름의 나라'라 불리는 티벳고원에 위치한다. 인구의 95%를 차지하는 티벳족 외에 멘파족, 후이족, 몽고족, 토론족, 누족 등 30개 가까운 소수민족이 생활하고 있다.

티벳족의 선조는 한나라 때 '발강(發羌)'이라 불린 민족이 원조이다. 당·송 시대에 티벳은 '토번(吐蕃)'이라 불렸으며, 7세기에 손첸칸포가 통일 국가를 세웠다. 역사적으로 중국의 속국인 지방정권의 입장에 있었지만, 한족에 대한 반발과 반항심이 왕성하여, 현재도 티벳 독립운동은 계속되고 있다. 문화대혁명 후, 독립운동의 상징 달라이라마는 국외로 망명중이다.

큰 신체와 거무스름한 피부가 특징이며, 불교의 성지로 종교 신앙심이 두텁고, 순박, 성실, 관용적인 기질이다.

티벳인에게 있어서는 농업, 목축이 중시되며, 상업은 경시되어 왔다. 수도 라사 등에서 오래된 노천시장이 목가적으로 운영되고 있다. 여성은 무용을 좋아하여, '과압(鍋壓)'과 '현자무(弦子舞)'가 유명하다. 성격도 밝고 부드러우며, 진지하다. 하지만, 완고한 면도 있다. 불교 의식의 하나인 오체투지(五體投地)의 순례 과정은 감동적이기까지 하다.

지린성

—만주제국의 흔적이 남은 북방의 대지

면적 18만 7400km²

인구 2728만 명

주요도시 창춘시(長春市)

중요점 단결력 있는 민족 기질

지린(吉林)이라는 이름은 만주어로 '강가'라는 뜻이다. 신석기 시대에는 이미 지린에 씨족 단위의 집단이 있었다고 한다.

명나라 때, 쑹화강 근처에 조선업이 성해, 선박의 집산지로 번영했다.

현재 성의 인구 90%가 한족(漢族)이지만, 만주족이 105만 명, 조선족이 118만 명이나 살고 있다. 청나라 때 동북부의 정치·경제·군사 거점이 되었다. 19세기에 러시아에 이어 일본의 지배를 받았다. 대일본제국 시대에 청조 최후의 황제 푸이를 옹립하여 '만주제국'을 세웠는데, 현재의 수도 창춘시에는 그 흔적이 남아 있다. 지금도 만주에서 귀환했던 일본인에게는 복잡한 망향의 그리움이 있는 곳이다.

흔히들 "지린성 사람은 옥수수를 좋아한다"라고 말하는데, 기후·풍토는 척박하지만, 성격은 대범하고 의연하다. 한족의 대부분이 산둥성, 허베이성에서 온 농업 이민의 후예이다. 혈연, 동족의식이 강하다.

지린성 사람들의 상술은 신의를 중시하는 것이 특징이며, 술을 못 마시는 남성은 상대하지도 않는다. 여성은 아담하고 얌전하며, 대륙풍의 담력도 있지만, 금전 감각이 희박해 재산을 날리기 쉽다.

내몽골 자치구

—대초원 기마민족의 후예

면적 118만 3000km²

인구 2376만 명

주요도시 후허하오터시(呼和浩市)

중요점 한족에 동화하지 않는 기개

중국 북부에서 독립을 유지한 몽골과 달리, 내몽골은 청조 초기인 1644년 중국령이 되었다. 해발 1000미터의 광대한 초원이 끝없이 펼쳐져 있다. 현재, 인구 비율로는 7：1로 한족이 많다. 극히 소수인 몽골족의 대부분이 티벳 불교인 라마교도이며, 신앙심이 두텁고, 티벳의 성지 라사로 순례를 떠나는 것을 생애 최대의 소원으로 여기고 있다.

그 옛날, 원 제국을 건국한 위대한 민족의 영웅 칭기스칸을 숭배하며, 지금도 한족의 생활습관에 동화하지 않고, 민족의 독자적인 파오(이동식 천막집)에서 살고 있다.

몽골인은 둥근 얼굴과 윤기 있는 피부가 특징이다. 눈이 가늘고, 코는 낮다. 한때 중국 전체를 제압한 역사를 지닌 몽골인은 용맹하고, 단도직입적인 기질이 있다. 옛날, 대초원을 누볐던 전투적인 기질 때문에, '흉노' 또는 '선비(鮮卑)'라는 말로 화나게 하면 곤란하다.

두뇌 회전은 빠르나 거친 면이 있어, 몽골인의 상술은 고집 세고 조잡하다.

기마민족의 후예로 남존여비의 사상이 남아 있으며, 여성은 남을 돕는 것을 좋아하고 인내심 강하며, 술도 세고, 일하는 여성이 많다.

하카

—남쪽으로 도피한 정통 유랑민

인구 5000만 명

중요점 역경에 강한 하카 상술

하카라고 불리는 사람들은 순수 한족의 후예로, 사서에 의하면, 황허 중류 일대에 살고 있던 한족이 서진(西晉, 265~316년) 시대 위세를 떨쳤던 이민족에게 쫓겨 남하를 거듭했다고 한다.

장시, 푸젠, 광둥, 타이완 등으로 이동, 정착하여 '하카인'이라 불리게 되었다. '잠시 그 지방에 거주하고 있는 손님'이라는 의미가 있다.

하카의 주요 겨레는 약 20개로, 중국 전체에서 약 5000만 명이 존재하고 있다. 특히 광둥성에 많이 살고 있으며, 언어도 하카

어를 사용하고, 예부터 전해지는 독자적인 풍속과 습관을 지키며, 자신들이 정통 한족이라는 자부심을 가지고 있다.

타이완이나 동남아시아에서 활약하는 화교 가운데는 정계, 재계에 절대적인 영향력을 가진 하카 출신자가 많다. 그 때문에 '중국의 유태인'이라고 불리는 경우도 있다.

중국혁명의 아버지 쑨원, 문화대혁명 후의 지도자 덩샤오핑, 싱가포르의 전 수상 리콴유, 사업가 후원후(胡文虎) 등이 하카 출신이다.

두뇌 명석하고 냉정하며, 인내심이 강하다. 이 유랑민의 후예는 역경에 강한 하카 상술을 가지고, 세계를 무대로 실력을 발휘하고 있다.

화교

—바닷물 닿는 곳에 화교 있다

인구 4000만 명

중요점 유태인과 비슷한 화교 상술

세계 이민의 역사에서 늘 주목받아온 것이 유태인과 중국의 화교이다. "바닷물 닿는 곳에 화교 있다" 혹은 "한 그루의 야자나무 아래 세 명의 화교가 살고 있다"고 말할 정도다. 현재, 세계 각지에서 거주하는 화교는 거의 4000만 명에 이른다.

화교는 광둥성, 푸젠성을 고향으로 하는 사람들이 많다. 조국에서 정치의 혼란과 경제의 쇠퇴기에 고향을 떠나, 일자리와 식량을 구하러 해외로 건너간 것이다. 가난한 중국인이 타국에서의 역경을 견뎌내며, 갖은 고생 끝에 사업을 일으킨 성공담의 상징이기도 하다.

중화사상을 가슴에 담고 지연, 혈연을 중시하여, 상호부조와 단결심으로 서로 도우며 막대한 부를 쌓기에 이르렀다.

세계에서 활약하는 화교는 유태인과 쌍벽을 이룰 정도로 돈벌기의 귀재이다. 이국 땅에 동화하는 대중성, 근성, 빠른 변신, 지혜, 재물과 부에 대한 집착이 이루어낸 결과이다. "장사에 국경은 없다" "돈에는 색깔이 따로 없다" 세계에서 각지에서 활약하는 화교가 즐겨 사용하는 말이다. 화교 상술은 "돈이 되는 것은 무엇이든지 팔아라" 하는 박리다매 방식이다.

제 5 장

거대한
차이나 마켓

성공자가 말해주지 않는 중국 비즈니스의 묘미

잠자는 사자와 중국인

8년 전, 나는 주간으로 있던 중국종합정보지 〈차이니스 드래곤〉 창간호의 권두언 '중국은 세계의 공장'이라는 글을 통해, 제조의 힘을 높이는 중국의 모습을 묘사하며, 앞으로 수년 내에 중국은 '비즈니스 경쟁 대국'이 될 것이라고 지적한 바 있다.

그후 8년 동안, 〈차이니스 드래곤〉은 매주 중국의 정치·경제 뉴스와 발전상을 전하며 주목받아 왔다. 그것은 중국이 '세계의 공장'이 되는 과정을 전해왔다고도 할 수 있다. 그리고 현재, 이 거대한 용의 약진에 놀란 세계의 매스컴은 '21세기는 중국의 시대'라고 단언하고 있다.

중국은 옛부터 '잠자는 사자'라고 불려왔다. 19세기부터 20세기 중반 무렵까지, 사자는 깊은 잠에 빠져 있었다.

1978년부터의 개혁·개방 정책으로 중국 경제는 밑바닥에서 조금씩 헤어나와, 1990년대에 들어선 이후, 본격적인 기지개를 켜기 시작했다. 잠자는 사자가 서서히 눈을 떠, 세상을 바라보기 시작한 것이다.

나는 거의 매달 중국을 왕래하는데, 갈 때마다 변모하는 중국에 대해 느끼는 것은, 중국인 개개인이 자신의 얼굴을 드러내고 의견을 주장하기 시작했다는 것이다. 사람들의 마음속에 절대적인 존재로 자리하고 있던 국가에 대한 의식이 가벼워지고, 가치관이 다양해지고 있는 것이다. 이것은 자주·자립·자존을 기본으로 하는 시장경제 원리가 중국 내에 침투해온 증거라 할 수 있다.

하지만 유감스럽게도 최근의 중국은 개혁·개방 정책에만 매달린 나머지, 시장경제에 적합한 법치주의 교육을 게을리 해, 바람직한 영리 추구 방향이 제시되지 못하고 있다고 느꼈다. 일종의 기업가 정신이 부족한 것이다.

최근 나는 오랫동안 중국에 머물며, 각지를 돌아보고, 중국에 진출하려는 기업의 컨설팅을 해주는 과정에서, 많은 기관과 사람들을 접하며 다음과 같은 것을 깨달았다.

근대화 과정에서 중국의 보통 서민이 살아가기 위해 배운 것은, 1950년대 말 '대약진'에서는 "상부에 대해 거짓말을 해라", 60년대 후반의 '문화대혁명'에서는 "사람을 믿지 말라", 80년대 이후의 '개혁·개방'에서는 "사람을 이용하라"였다.

상하이人, 홍콩人, 베이징人

슬픈 현실이지만, 중국 대륙에 사는 중국인의 성격 형성에 그러한 역사가 적지 않은 영향을 끼치고 있다는 것을, 정확히 파악할 필요가 있다. 인구가 이미 초과밀 상태에 이르러 돌아올 몫이 적고, 이런 살벌한 생존 경쟁 속에서 버텨야 하는 중국 서민의 심정을 완전히 이해하기는 힘들겠지만, 상상력을 동원해 상대를 이해하는 것은 아주 중요한 일이다. '사회주의 시장경제'의 중국을 한마디로 표현하자면, '국기(國旗)는 공산주의, 정책·방침은 사회주의, 결국 추구하는 것은 자본주의, 근본은 봉건주의'라고 할 수 있겠다.

기대와 불안의 혼재

21세기에 들어와, '세계의 공장'이라 불리는 중국이 독주하다시피 경제 발전을 계속하고 있는 것이 특히 두드러진다. 모든 분야에서 중국 제품이 쏟아져 나와, 시장의 강력한 경쟁 상대로 떠오르게 되었다.

사실, 13억 인구의 중국은 여러 가지 모순을 안고 있다. 하지만 2008년 베이징 올림픽 개최 결정이 중국 경제를 크게 끌어올리고 있다. 건축업뿐 아니라, 정보산업(IT), 자동차산업, 부동산업 등을 자극하여 내수를 확대시키고 있다.

2002년에 베이징, 상하이, 광저우(廣州), 우한(武漢), 시안(西

安〕, 충칭〔重慶〕 6개 도시의 시민을 대상으로 한 설문조사에 의하면, 61.3%의 시민이 올 경제 상황은 작년보다 좋아질 것이라고 예측했고, 32.7%의 시민은 작년과 거의 비슷할 것이라고 보았다. 작년을 밑돌 것이라고 보는 시민은 불과 8.7%에 지나지 않았다.

세계 경제가 침체되어 있는 가운데, 2002년 초에 60% 이상의 시민이 올해의 경제 발전에 긍정적인 견해를 보인 것은, 사람들이 중국의 경제 발전에 대해 낙관적인 생각을 갖고 있음을 반영하는 것이다.

사람들이 낙관하고 있는 요인으로, 2001년의 중국 경제가 7.3%의 신장률로 성장한 것을 들 수 있다. 게다가 중국의 WTO 가입, 2008년 베이징 올림픽 개최 결정, 상하이 'APEC 회의'(아시아 태평양 경제협력회의)의 개최, 중국 축구팀의 아시아 리그 진출 등도 사람들에게 활력을 불어넣고 있다.

조사 결과에 따르면, 중국 국민은 베이징 올림픽 개최가 중국 경제 발전을 크게 도약시킬 것이라고 기대하고 있고, 60% 이상의 시민이 앞으로의 중국 경제를 낙관하고 있다. 또한 2008년까지 경제 발전의 속도는 멈추지 않을 것이라고 예측하고 있다. 중국이 최첨단의 개발력과 생산력 등의 잠재 능력을 감추고 있는 것은 사실이다. 2002년 3월의 전국인민대표대회에서 주룽지 총리는, 7% 전후의 경제발전 목표를 내세웠다. 하지만, 인구문제, WTO 가입 후의 충격 등 딜레마를 해소하지 못한다면, 지속적인 발전을 유지하기는 어려울 것이다.

변모하는 WTO 가입 후의 중국

2001년 12월, 중국의 WTO 가입이 실현되었다. 가입은 기회이며 도전이기도 하다. 경쟁력을 키워온 중국 산업과 기업에 성장과 시련을 가져다주겠지만, 앞으로 중국 경제가 한층 발전을 이룰 것이라는 전망은 틀림없다. 동시에 발전을 가로막는 과제도 적지 않다.

먼저, 잉여 노동력의 증대와 고령화로 대두되는 인구 문제가 있다. 또한, 자원 문제로는 에너지와 식량을 비롯한 심각한 수자원의 고갈도 해결해야 할 과제이며, 소득 격차와 업종간 격차의 확대도 중요한 문제이다. 사막화와 대기오염 등 환경파괴 확산도 심각하다.

또한, 국가 기능의 근대화, 사법권한의 강화, 인민해방군의 정체성 살리기를 비롯한 '정치 개혁'과, 조세 제도를 강화하는 과정에서 싹튼 납세에 대한 인식, 그리고 국가참정권의 요망도 간과할 수 없는 현안이 되고 있다.

중국의 WTO 가입은 "앞으로 중국은 세계와 같은 무대, 같은 조건하에서 발전을 꾀한다"고 약속한 것이므로, 동아시아 지역의 균형과 당면한 경제 발전을 위해서라도, 중국에 대해 WTO에 근거한 물가 자유화뿐만 아니라, 지적재산권, 독점금지법, 재판제도와 비관세장벽 개혁, 투명성 향상을 요구해야 한다.

중국의 WTO 가입은 오랜 동안의 꿈이었다. 하지만 WTO 가입과 동시에 중국은 일본, 한국과의 연대를 가속화하는 한편으로,

서구의 시장개방 요구에 공동으로 대응할 수 있는 동맹국을 만들 필요가 있다.

또한, WTO 가입 후 국내 구조 조정에 상당한 비용이 들 것으로 예상되는데, 섬유산업, 전자산업 등 비교적 우위를 차지하는 분야를 중심으로 시장을 구축하는 일도 시급하다.

외국 기업의 활발한 중국 진출

중국의 이러한 실태와 현상을 냉정하게 파악하고, 앞으로 기업들은 '차이나 마켓'에 대한 새로운 경영 전략을 세울 필요가 있다. 일본 기업의 경우 현재 약 1만5천 개에 가까운 기업이 중국에 진출해 있다.

업종은 다양한데, 그중 전기 · 기계, 섬유 · 어패럴, 화학제품 등의 제조업이 80%를 차지하고 있다. 투자 지역은 점차 확산되고 있지만, 압도적으로 보하이〔渤海〕지역에 집중해 있다.

투자의 60%는 합작 형태를 취하고 있지만, 최근에는 독자 투자(100% 외자)가 늘어나 30%를 넘고 있다. 진출 동기는 1980년대 수출 지향의 가공무역에서, 90년대는 중국 국내시장을 노린 국내시장 지향으로 전환하기 시작한 것이다.

수익 동향을 보면, 중국 투자는 돈을 벌 수 없다는 오해를 뒤집고 70% 정도는 흑자를 내고 있다. 문제는 고수익, 저수익 안정,

상하이人, 홍콩人, 베이징人

적자의 3극화가 더욱 뚜렷해졌다는 것이다.

첫째로, 원재료·부품의 70% 이상을 중국 내에서 조달·가공하여 해외에 수출하는 패턴이 가장 고수익을 올릴 수 있다. 둘째, 해외에서 들여와 중국에서 가공하여 다시 해외로 수출하는 본래의 가공무역이다. 중국 국내에서 조달하고, 주로 중국 내에 판매하는 형태는 흑자와 적자의 양극으로 나뉜다.

수익률이 가장 나쁜 것은 해외에서 수입·가공하여, 주로 중국 내에서 판매하는 형태이다. 일반적으로 중국 내에서의 판매가 살벌한 것은, 국내 시장 경쟁의 치열함을 말하고 있다. WTO 가입이 실현된 앞으로는 더욱 지독한 경쟁이 예상된다.

전에 중국 내에서 분투하는 기업 관계자들과 교류하는 과정에서 들은 말인데, 그들은 최근 직면한 중국 투자환경 문제를 한 마디로 '불투명함' '당돌함' '애매함'이라는 말로 표현했다.

고민은 '4개의 不'과 '본사'

현지에서 일본인 관리자가 일상적으로 맞닥뜨리는 것은 세관, 세무, 공안, 노동, 위생 등에 관련한 말단 행정기관 사람들이다. 그리고 그들 관리들이 행하는 비용 징수, 열의와 성의 없는 업무 처리, 불쾌한 태도 등, 이런 현상을 나는 '불합리, 불공평, 불성실, 불쾌' 즉, '4개의 不'='중화 수프'(중국어 발음으로 4는 수, 不은 프)라고 이름지었다. 완고한 중화사상의 전통문화 중에서, 현지 진출 기업인들은 매일같이 '중화 수프'를 맛보고 있는 것이다.

하지만 현지 책임자의 가장 큰 고민은 무엇인가 물었더니, "사실은 본사와의 관계이다"라고 이구동성으로 대답하는 것이었다. 본사가 중국 사정을 이해하지 못하고, 무조건 현지 책임자에게 밀어붙이라고 강요만 한다는 것이다.

WTO 가입 후 중국 시장에서는 "즉시 결단 내리고, 즉시 결정할 것"을 요하고 있다. 현지 법인의 권한 강화가 무엇보다도 시급하다. '적'은 눈앞의 중국이 아니라, 뒤에 있는 본사이다. "적은 등잔 밑에 있다"는 것이다.

중국에서는 현지 책임자를 '총경리'라고 부르는데, 재무·회계의 총책임자라는 의미에서 '사장'이라 할 수 있지만, 당사자도 본사에 의존하는 경향이 강하여, 책임의식과 권한이 약하다. 이러한 표현 문제를 비롯해, 파견되는 직원들의 재교육도 절실히 필요하다.

현지 법인의 권한 강화와 동시에 또 하나 중요한 것이 '경영의 현지화'이다. 외국 기업의 본사 사람이 현지에 들어와 사업을 총괄하는 시대는 이미 지났다.

중국인 고급관리자의 육성, 개발 및 설계 능력을 높이기 위한 기술이전, 현지에서의 자금수집, 원재료·부품의 현지조달, 치밀한 시장조사 등이 요구되고 있다.

중국의 명품족

일본 기업들이 본격적으로 중국에 진출한 지도 20년 가까이 되었다. 그동안 독자적인 경영전략도 생겨나, TOTO와 시세이도는 고급 브랜드를 내세우며 명품족을 노린 판매 방식을 실행하고 있다. 이것을 '계층 한정형 전략'이라고 부르고 있다.

중국 사회도 계층 분화가 심화되어, 단순히 가격을 낮추는 것은 오히려 판매를 저조하게 만드는 요인이 된다. 그래서, 샤프 등 가전 메이커는 판매 지역을 좁힌 '지역 한정형 전략'을 취하고 있다. 화둥[華東]지구만 해도 약 1억5천만 명의 인구가 살고 있어, 중국 전체로 판로를 넓힐 필요는 없는 것이다.

중국 비즈니스에 있어서 일본 기업이 당면한 문제는 현지 투자 환경의 재검토도 중요하지만, 전후 50년에 걸쳐 구축한 일본적 경영체질, 경영방식에 대한 점검이다. 일본 기업 자체가 변혁에 직면해 중국시장으로의 접근이 절실히 필요해지고 있다. 외국 기업을 구속하는 눈에 보이지 않는 중국의 '분위기 · 실정 · 강박관념'에 대한 잠재의식도 점검할 필요가 있다.

가장 돈을 많이 버는 일본인

그야말로 세계의 중국 비즈니스도 치열한 경쟁 시대에 돌입했다.

그리고 이 중국 비즈니스 시장에서 가장 수익을 올리고 있는 것은 일본인이다.

중국의 개혁·개방정책 후, 2000년도 시점에서 중국 본토에 진출한 일본계 기업수는 약 1만4495개 사에 이른다. 일본인은 약 30년에 걸쳐 중국 상대의 비즈니스에서 수익을 올려왔다. 그럼에도 불구하고 일본인 및 일본 기업은 그 사실을 알리려고 하지 않는다.

현재, 일본 국내에 넘쳐나는 가전, 의류, 식료, 잡화, 일용제품에 이르는 대부분의 상품이 '메이드 인 차이나'라는 사실. 바야흐로 일본인도 세계 여느 나라처럼 '메이드 인 차이나' 없이는 생활할 수 없는 시대에 들어섰지만, 대개의 일본인은 이 사실을 자각하지 못하는 것 같다. 느긋한 것인지 애써 모른 척하려는 섬나라 근성인지, 어떨 때는 화가 날 때도 있다.

미국에서도 10여 년 전부터 일상 생활용품을 '메이드 인 차이나'가 석권하고 있고, 미국인은 이를 적극 수용하고 있다.

하지만, 이웃나라 일본인은 이 사실을 모른 척한다. 재작년, 중국 현지에서 생산한 저가 의류제품 '플리스'의 대량 판매로 화제를 독점한 것이 '유니클로'이다. 일본 기업이 중국에 진출하여 끝까지 밀고 나가면 큰 수익을 올릴 수 있다는 것을 보여준 전형적인 예이다.

일본인과 일본 기업에 지적할 점은, 중국 비즈니스에 관해 정보 폐쇄적인 면이 있어, 현지에서 의사결정하기를 꺼린다는 것이다. 현지에서 성공한 기업을 취재하려고 현지 기업법인에게 인터

뷰 요청을 했더니, "그 건에 대해서는 (도쿄) 본사를 통해 알아보
시죠" 하고 대응할 뿐이었다. 본사를 통하지 않으면 취재할 수 없
다는 것은 이 정보화시대에 시대 착오적인 행동임이 분명하다.

중국 비즈니스의 묘미

일본 기업들은 중국 비즈니스의 재미를 알고 있다. 하지만 대부분
의 기업은 그것에 대해 언급하기를 꺼린다. '메이드 인 차이나'가
세계를 석권하는 시대에, 정보가 새어나갈까 노심초사하는 일본
기업의 전략이 앞으로도 통할지 크게 의문이다.

중국으로의 진출과 비즈니스는 결코 돈을 벌기 위한 수단만
이 아니다. 문화이고 또한 인간으로서의 '사는 방식'이며 '삶의
형태' 그 자체이다. 문화가 다른 이상 최후의 후원자라고 믿고 있
었던 중국내에서의 인맥도 최종적으로는 아무런 도움이 되지 못
하는 것이다.

중국인의 발상은, 중국 전역에 100개 점포를 세우는 것을 목
표로 하면, 먼저 10개 점포를 성공시키고 나서 차근차근 전개하는
것을 순서로 여긴다. 반면 일본인의 발상은, 점포를 일시에 1000
개 정도 만들지 않으면 수치라고 생각하는지, 1000개 점포를 세우
고 실제로 10분의 1이라도 살아남으면 대성공이라고 여긴다.

중국 비즈니스에
위험성이
없는 이유

장쩌민 · 주룽지 노선을 계승한
후진타오의 시대

사회주의 중국의 건국 이후, 약 54년이 지났다. 중국 혁명 전기를 이끈 마오쩌둥의 '정치' 우선 시대, 중기 문화대혁명 등의 정치 과잉을 시정하고, '개혁 · 개방' 노선을 표방한 덩샤오핑의 시대도 지났다.

또한, 덩샤오핑 노선을 계승한 혁명 제3세대 장쩌민 · 주룽지 시대에서, 건국 제4세대 후진타오 체제의 시대로 이어졌다. 현재 중국은 국민생활 향상을 목적으로 한 '경제' 최우선주의의 시대로 들어서고 있다.

마오쩌둥 · 덩샤오핑 양 지도자와 비교해 장쩌민은 분명 달랐

상하이人, 홍콩人, 베이징人

다. 각국 수뇌와의 외교 교섭차 해외를 방문할 때에는, 정부 특별기에 당 간부와 외교관 외에, 많은 국내 유력 기업 사장 등을 대동하여, 간단한 선물만 들고 가서 비즈니스 회담을 성립시키는 용의주도한 면이 있었다. 이름하여 '정경일체화' 노선을 표방했던 것이다.

그런 장쩌민 국가주석, 주룽지 총리 등이 물러나면서 장·주 체제는 끝이 났다. 하지만, 21세기 중국의 새 권력자 후진타오를 비롯한 차세대 후계자들이 장쩌민·주룽지가 걸었던 '정경일체화' 노선을 계승하는 것은 틀림없을 듯하다.

현대 중국이 사회주의 국가경제 체제라고는 해도, 13억 국민을 통솔하는 국가 지도자가 국내 시장의 개혁·개방을 외치며, 안정 경제를 목표로 한다는 사실에서, 해외 선진국으로부터 대 중국 비즈니스에 위험성은 없다고 인정받고 있다.

이제는 일본뿐만 아니라 미국·유럽 선진국들이 중국 비즈니스의 묘미에 대해 재빨리 알아채고, 여러 기업이 중국에 진출해 성공을 거두고 있다.

세계화＝자본주의화에 탄력 붙은 중국

세계의 주목을 받는 중국에서는 세계화를 '전구화(全球化)'라고 부른다. 2001년 WTO 가입과 2008년의 베이징 올림픽 개최를 맞아, 중국의 전구화에 탄력이 붙고 있다.

2001년 7월 당시, 장쩌민 국가주석은 베이징의 인민대회당에서 열린 '전국외자공작회의' 석상에서, "WTO 가입은 절호의 기회와 위험을 가져다주는 양날의 칼이지만, 중국은 전구화 경제에 깊이 관여하지 않으면 안 된다"고 외쳤다.

중국은 왜 이렇게까지 '전구화'에 집착하는 것일까. 그것은 중국이 1978년 이후 진행해온 개혁 · 개방 노선의 성패가 이 '전구화'에 달려 있기 때문이다.

중국의 개혁 · 개방 노선은 크게 세 단계를 거치고 있다. 제1단계는 경제특구로 대표될 만한 한정된 지역에 외자를 도입하는 것이었다.

제2단계는 덩샤오핑이 도입한 '사회주의 시장경제'로, 민영기업이나 자유시장을 적극적으로 받아들인 것이다.

제3단계가 현재의 국영기업을 주식회사로 전환하는 등, 자본주의 제도를 전면 도입함으로써 경제의 자본주의화의 길로 접어들었다.

정치적으로는 공산당 일당 독재를 유지하면서 경제체제를 자본주의화했는데, 전통적인 '마르크스 · 레닌주의'에서는 생각할 수 없을 것 같은 중국형 절충 시스템이었다.

물론 모순은 크다. 어쨌든 노동자 계급을 착취하는 자본가 계급을 점점 증식시켜, 경제 성장을 꾀하는 주체가 바로 공산당인 것이다.

수년 전부터 국제회의에서는 중국의 경제 전문가가 당당히

"중국은 이미 자본주의화하고 있다"고 말할 정도로, 중국 지도자들의 의식에는 '자본주의'에 대한 저항감이 사라지고 있다.

───────개혁 · 개방 노선의 집대성 '전구화'

1996년 당시, 아직 미·중 사이에 WTO 가입 교섭이 난항을 빚고 있던 시기에, 미국의 전 대통령 클린턴 정권의 아시아 정책 전문가가 중국을 방문하여, 베이징에서 주룽지 총리와 회담을 가졌다. 이때, 주 총리는 "WTO 가입은 국내에서 저항력이 강한 국영기업을 개혁하기 위한 수단이다"라고 발언했다. 즉, WTO 가입이라는 이름의 '전구화'는 국내의 개혁 반대파, 보수파를 누르기 위한 유력한 수단이었던 것이다.

WTO에 가입하기 위해서는 보호정책을 철폐해야 하며, 경쟁력 없는 국영기업은 전면 개혁을 단행해야 한다는 논리이다.

그야말로 세계화는 개혁·개방 노선 그 자체이며, 중국의 장래를 좌우하는 최대의 열쇠가 되었다.

세계화의 기둥 가운데 하나는 자본주의의 엔진 즉, 주식시장이다. 국영기업은 주식회사가 되면 주식시장에서 자금을 조달해야 하기 때문에, 투자가의 눈치를 볼 수밖에 없다. 국제 경쟁력이 없으면 주가는 하락한다. 대형 자금을 조달하기 위해서는 뉴욕 증권시장에 상장할 필요가 있다.

그러기 위해서는 세계 표준인 미국식 회계 기준을 채용하여, 투명성을 높이지 않으면 안 된다. 경영진도 공산당 간부가 좌지우지하는 것이 아니라, 기업의 수익을 극대화하고, 주식 가치를 높일 수 있는 역량을 갖춘 전문 경영자가 통솔할 필요가 있다.

발상의 전환을 강요받는 국영기업

중국의 국영기업은 사회주의에서 한순간에 세계 최첨단의 자본주의로 변신해야 할 운명에 처해졌다. 중국은 과감히 그것에 도전했다. 예를 들면, 뉴욕 시장에서 회사채를 발행해 자금을 조달하려고 한 중국 국영 석유회사(페트로 차이나)의 경우, 미국의 회계사무소와 대 증권사인 골드만 삭스의 자문을 받아, 경영진에 대한 보수를 일제히 정액제에서 성과급제로 바꿨다.

공산당 지배 하에서 사회주의 국영기업을 없애고 자본주의 주식회사로 전환시킨다. 이 절대적인 모순에 중국 공산당은 어떻게 대응했을까. 답은 중국식 실용주의 그 자체이다.

장쩌민 국가주석은 공산당 창립 80주년 기념 연설에서, 민영기업을 '중국의 특색 있는 사회주의의 건설자'라고 명명하고, "사회의 우수한 인력을 당내에 흡수시키라"는 지시를 내렸다.

그 자리에서 10만 명의 민영기업가들이 입당 신청을 했다고 한다. 홍콩지 〈명보(明報)〉에 의하면, 중국 공산당은 2002년 가을 당대회까지 200만개 민영기업의 실업가 약 20만 명의 입당을 목표로 하고 있다.

자본주의에서는 주주나 기업가나 모두 자본가지만, 중국에서는 그 문제에 관한 이데올로기 노선 투쟁도 표면화하지 않은 채, '전구화=현대 자본주의'로 곧바로 이행해갔다.

중국과
국제 사회와의
관계

전략적 경쟁 상대인 중국과 미국

중국의 전구화의 하나인 대외 과제는 미국과의 관계이다. 미국의 중국 정책은, 중국을 '전략적 파트너'라고 부르며 중국의 정치·경제를 국제 표준에 합치시키려는 정책을 폈던 전 클린턴의 정권에서, '중국은 전략적인 경쟁 상대'라고 부르며 등장한 현 부시 정권으로 급전환했다.

전 클린턴 정권의 중국 관계에 대해 지나치게 온건하다고 비판한 공화당 보수파의 '중국 경계론'은, 중국이 경제 파워로 대두되면 아시아 지역에서 패권 지향을 강화해, 미국의 아시아 전략을 위태롭게 한다는 것이다. 그 논리를 끝까지 규명해가다 보면, 중국 경제력의 봉쇄에까지 이르게 된다.

상하이人, 홍콩人, 베이징人

실제로, 부시 정권 성립 후 워싱턴에서는 '중국 경계론'의 움직임이 구체화되기도 했다.

'9·11 미 테러 사건'이 일어나기 전인 4월, 미 의회에서 초당파로 설립한 미·중 안전보장재검토위원회(UCSPC)는 중국 국영기업의 미 자본시장에서의 활동에 신경을 곤두세우며, 9월에 공청회를 열기로 했다. 중국 인민해방군 계열의 기업이나 국영기업이 미국 시장에서 자본을 조달하는 것을 규제하기 위해서였다. 앞서 말한 페트로 차이나도, 미국이 제재 대상국으로 여기고 있는 수단에 투자한 것이 문제가 되어, 상장 자격을 재심사하는 법안을 모색하려는 움직임이 있었다.

하지만 '9·11 미 테러 사건' 발발로 미국이 엄청난 혼란을 겪으면서 '중국 경계론'은 잠잠해졌다. 동시에 '중국 경계론'은 부시 정권의 대 일본 중시 정책을 불러들였다.

"일본의 고이즈미 개혁은 일본 재생의 열쇠이다. 실패하면 미국 또한 패배한다"라고 부시 정권은 생각하고 있는 듯하다. 부시 대통령의 대 일 중시 정책의 배경에는 대 중 관계가 있었다. 현 미국 정권에는 경제적으로 부상하고 있는 중국 파워에 직면하여 "일본이 가라앉고, 아시아가 미·중 양극체제가 되는 일은 피해야 한다"는 설이 나돌고 있다.

중국의 전구화를 환영하는 미국

부시 대통령의 중국 정책과는 달리, 미국내 산업계는 다른 시각을 가지고 있다. 매년 7% 이상의 경제 성장을 보이는 13억 인구의 중국 시장에 큰 매력을 느끼고 있는 것이다.

WTO 가입과 2008년 베이징 올림픽 개최를 맞아, 중국이 경제 개혁을 위해 외자를 필요로 하고 있어, '글로벌 스탠더드' 도입에 열을 올리고 있다고 미 산업계는 평가하고 있다.

워싱턴의 공화당 보수파의 싱크탱크(think tank) '헤리티지 재단'에서도, 한때 대두되었던 '중국 위협론'이나 봉쇄론을 거론하지 않았다.

이 재단의 중요한 출자 기업이, 중국을 최혜국 대우하는 데 전면 찬성하도록 재단에 로비를 벌인 결과라고 한다.

베이징과 공화당을 잇는 파이프 라인

사실, 공화당 보수파와 베이징에는 은밀한 파이프 라인이 연결되어 있다. 이름하여 '상하이 파벌'이다. 부시 정권의 일례인 차오 노동부 장관은 '헤리티지 재단' 출신이다. 그녀는 타이완[臺灣] 출신이지만, 그녀의 아버지 제임스 차오 씨는 상하이 출신으로 장쩌민 주석과는 상하이 교통대학 동창이며, 개인적으로도 친분이 있

상하이人, 홍콩人, 베이징人

는 사이다. 장쩌민 주석이 상하이 공산당 서기로 있던 시대에도 빈번히 교류하며, 차오 씨가 상하이의 조선소 건설을 청탁한 일도 있었다. 중국의 국영 해운회사와는 유조선 전세 건을 비롯해 비즈니스 파트너이다.

1996년 10월, 장쩌민 주석이 미국을 방문했을 때, 장쩌민 주석 부부와 차오 가족은 식사를 함께 하기도 했다.

그때는 딸 일레인과 그녀의 남편인 공화당 보수파 맥커넬 상원의원도 자리를 함께 했다. 일레인의 어머니는 상하이 출신으로, 장쩌민 주석의 신임을 얻고 있는, 퉁젠화[童建華] 교수와도 친밀한 사이로 알려져 있다.

그녀는 공화당 보수파인 부시 정권과 베이징을 잇는 매개체인 것이다. 공화당에 영향력을 행사하는 키신저 전 국무장관과 현 부시 대통령의 아버지 조지 부시 전 대통령 모두 중국 관계 중시파로, 조지 부시는 럼스펠드 국방장관을 비롯한 중국 경계론자들에게 충고하고 있다.

그러므로, 부시 정권 또한 중국에 대해 서서히 유연한 노선으로 체제를 바꿔나가고 있다. 특히 '9·11 미 테러 사건' 후, 미국의 대 중국 정책은 온건 노선으로 전환하고 있다. 최근에는 미국 정부 관계자 가운데 "중국을 전략적 경쟁 상대로 정한 것은 선거 때뿐이며, 이제 그 말은 사라졌다"라고 말하는 사람도 있다.

부시 대통령도 "중국의 경제 발전은 정치를 포함한 개혁을 촉구한다"라고 협조성을 보이기 시작했다.

근현대사의 경험에서 볼 때, 인간적인 상호 이해 관계는 아마도 일·중 관계보다 미·중 관계가 더 깊지 않을까. 미·중 관계의 표면적인 술수에만 눈을 빼앗겨, 근본을 형성하는 다양한 결합을 경시한다면, 일본은 미·중 양쪽으로부터 협공을 당할는지 모른다.

　　지금, 세계의 관심사로 떠오르고 있는 미·중 관계를 볼 때, 미국이 전구화를 지향하는 중국을 봉쇄하는 일은 거의 없을 것으로 보인다.

중국은
위협인가
기회인가

신문 칼럼에서 살펴본 일 · 중 관계

아사히 신문의 칼럼니스트 후나바시 요이치 씨가 2001년 11월 1
일자 신문에 '일본 60대×중국 30대＝최강'이라는 타이틀의 칼럼
을 게재했다. 내용은 다음과 같다.

"일본 기업의 중국 진출이 전에 없이 활발해지고 있다. 중국
에 진출하지 않으면 비즈니스에서 살아남을 수 없다는 초조감이
들 정도이다."

"60대 일본인 기술자와 30대 중국인 기술자가 파트너가 되면
강해진다. 상하이에서는 일본 기업의 정년퇴직 직전의 기술자나
생산관리자 같은 인재 뱅크가 활약하고 있다."

"중국은 일본에게 있어서 위험일 수도 기회일 수도 있다."

"기회가 위협을 앞지르는 관계를 형성할 수 있을까. 그러려면 개인의 새출발이나 기업의 비즈니스 생존 모델에 얽매이지 말고, 일본과 중국간에 공존공영할 수 있는 전략적 비즈니스 모델을 개발해야 할 것이다."

중국 위협론

후나바시 씨의 '중국위협론'은 일본의 경제 저널리스트나 경제 평론가들이 기존에 전개해온 것과는 한층 다른 견해이다.

그는 최근 급부상하고 있는 중국에 대해 변증법적인 관점에서 분석하여, "일본에게 있어서 중국은 예전부터 위협이기도 또한 기회이기도 했다"고 말하며, "중국은 일본에게 있어서 재발전의 기회라고 볼 수 있으며, 따라서 일본과 중국간에 공존공영의 전략적 경제관계를 형성하지 않으면 안 된다"고 주장하고 있다.

20세기 1990년대의 중국은, 세계 정세의 발전 동향에 편승한 도전이며 기회였다. 중국은 이 도전과 기회를 발판으로 중화민족의 약진의 원동력으로 삼았으며, 기회를 잘 포착하여 개혁·개방에 노력을 기울여 경제를 발전시키고, 종합적으로 국력을 강화시켰다고 볼 수 있다.

중국을 국제 시장의 생산 기지로

아사히 신문의 칼럼니스트 후나바시 씨가 앞의 칼럼을 게재한 다음날, 이번에는 말레이시아인으로 와세다 대학 아시아 태평양 연구전문교수인 임화생(林華生) 씨가 아사히 신문에 '중국 진출에 뒤처진 일본'이라는 칼럼을 기고했다.

그 칼럼에서 임 교수는 일본이 중국 진출에 뒤처진 원인을 상세히 분석하고 있다.

먼저, 정치면에서 역사교과서, 야스쿠니 신사참배, 일·미 안보체제 강화라는 주변 사태 안전확보법 등이 일본에 대한 불신감을 조장하여, 중국과의 경제 교류에 영향을 주었다고 지적하고 있다.

또한, 일본 기업이 결단을 망설이는 동안 비즈니스 기회를 놓치고, 일본의 연공서열형 승진제도가 중국의 이해를 얻기 힘든 부분이 있다는 점, 그리고 양국의 상습관(商習慣), 경영이념, 국민성의 차이를 일본측이 충분히 파악하지 못했다는 점, 또, 일본 통화의 환율의 불안정도 중국 진출에 차질을 빚은 원인이라고 분석하고 있다.

임 교수의 분석은 예리하다. 일본은 중국의 '위협과 기회론'을 고려하면서, 지적한 요소들을 개선하여, 기회를 잡아 함께 발전하고 번영할 수 있는 전략 관계를 쌓아야 할 것이다. 일본은 앞으로 중국을 냉정하게 이해할 필요가 있으며, 기존의 중국 접근방법을 전환하는 방안을 모색해야 한다.

또한, 임 교수는 중국 진출을 일본의 경제 구조 개혁이나 산업계 재편성의 일환으로 삼아, 중국을 국제시장의 생산 기지로 개척할 필요가 있다고 지적한다. 이것은 후나바시 씨와 공통되는 관점이다.

점차 일본과 중국은 경제무역의 순조로운 확대 경향을 유지하고 있으며, 일본 기업도 한층 중국 시장의 동향에 신경을 쓰고 있다.

그러한 객관적 경제 정세를 간파하여, 앞의 두 칼럼니스트는 지론을 전개하고 있는 것이다.

상하이,
중국 경제 발전의
열쇠를 쥔 도시

─────── 상하이를 얻는 자가 천하를 얻는다

세계 경제 성장의 중심은 아시아다. 아시아 경제 성장의 중심은 중국이다. 지금, 중국 경제의 중심은 상하이다. 따라서, 상하이를 얻을 수 있는 자라면 충분히 천하도 얻을 수 있다.

2001년 '9·11 미 테러 사건' 발생 후, 또 중국의 WTO 가입 후, 전세계의 자본이 중국에 집중하다시피 했지만, 그 중심지는 상하이였다. 같은 해 10월, 상하이 푸둥(浦東) 국제회의센터에 세계 각국 정상이 모여 'APEC 회의'(가입 21개국)를 연 것이 시대의 추세를 보여주고 있는 것이다.

중국의 경제 성장은 뛰어난 성과를 올렸을 뿐만 아니라, 빛나는 미래를 보장하고 있다. 현재 중국의 성장 단계에 대해서 많은 경제학자들이 "중국은 공업화의 단계에 있으며, 강대한 잠재적 성장력을 보이고 있다"고 말한다.

중국은 지리적으로도 상당히 광활하여, 다양한 경제적 발전 요소의 혜택을 입으며 '개발 여지'를 남겨 왔다. 하지만, 그 개발 여지는 과연 언제까지 유효할까. 경제학자 후안강〔胡安鋼〕씨는 "앞으로 중국의 서부 개발은 분명 50년 이상 걸릴 것이다"라고 지적하고 있다.

즉, 2세대에 가까운 시간이 걸린다는 것이다. 그러므로, 중국의 경제 성장은 장시간 지속될 전망이다. 중국에서는 상하이 지구가 공업화 후기 단계로 넘어가고 있다. 특히 금융 · 과학 · 서비스 등의 분야에서 공업화가 잘 이루어지고 있다.

하지만, 중국의 광대한 지역은 아직 단순한 농경시대에 있다. 발달된 도시와 미개발 농촌이라는 두 개의 서로 다른 경제구조가 중국의 발판이 되고 있다. 미개발 농촌지역이 많다는 것은 반대로 앞으로의 가능성이 크다는 것을 뜻한다.

이러한 배경이 중국 경제 체제의 구조적인 특징이라고 설명할 수 있다. 그리고, 이런 점이야말로 나날이 높아지는 중국에 대한 세계 시장의 기대와 세계 자본이 느끼는 매력이라고 할 수 있다.

세계의 거대 자본을 흡수하는 자기장

9 · 11 테러 사건 이후, 미국의 경제 위기가 계속되는 가운데, 연간 2천억 달러에 이르는 세계 자본이 중국 시장으로 유입될 것이라고 어느 경제학자가 예언한 바 있다. 앞으로 중국은 세계 자본의 최후의 낙원이 될 것이다. 또한 중국 경제의 중심지 상하이가 경제 낙원 도시가 될 것이라고도 지적하고 있다.

현재, 중국은 공업화 중기 단계에 있다. 산업구조에서 보면 제2차 산업은 중국 GDP(국내총생산)의 약 50%를 차지하고 있지만, 제1차 산업(농업, 임업, 어업)은 불과 18%에 지나지 않으며, 제3차 산업은 32%를 차지하고 있다.

한편, 제1차 · 제2차 산업을 실물산업이라고 한다면, 제3차 산업은 서비스 경제, 숫자 경제라고 할 수 있다. 그것은 숫자로 만들어낸 '버블 경제'이다. 중국의 경우는 실물경제에 기초를 두고 있지만, 앞으로 제3차 산업이 활약상을 보일 날이 틀림없이 올 것이다.

중국 정부는 전력을 다해 도시화를 추진하고 있으며, 제3차 산업의 발전을 꾀하면서, 현재의 32%에서 2020년에는 50%의 도시화를 달성한다는 발전 전략을 세우고 있다.

도시화 전략에서 볼 때, 상하이 경제권 및 양쯔강 삼각주 지구가 중국 경제를 리드하게 된다. 세계 도시지리학회는, 앞으로 상하이 도시지역은 세계에서 얼마 남지 않은 발전 가능한 도시 그룹의 하나가 될 것이라고 전망했다.

상하이는 앞으로 뉴욕, 워싱턴, 도쿄, 오사카 등의 성숙한 도시보다 더욱더 세계 경제의 신선한 중심점, 그리고 기축이 될 가능성이 있다. 바로, 상하이를 얻는 자가 천하를 얻게 되는 것이다.

홍콩에 버금가는 상하이 비즈니스

중국에서 타이완으로부터의 투자가 가장 급증하고 있는 것도 상하이다. 최근 몇 년간, 상하이의 명물이었던 자전거 출퇴근이 대폭 감소했다.

몇 년 전까지만 해도 고층 빌딩 건설에는 중국식으로 대나무를 이용해 비계를 짰지만, 최근에는 철 파이프를 이용해 조립하는 등 현장 풍경이 바뀌었을 뿐 아니라, 상하이 거리는 여러 가지로 변모를 거듭하고 있다.

2001년 7월 같은 시기, 상하이와는 다르게 홍콩과 광둥성의 건설 현장에서는 아직 예전 식으로 대나무로 비계를 짜는 모습이 여기저기서 보여, 그 차이는 크다.

공무원 비리가 빈번한 광둥성과 비교할 때, 상하이는 깨끗한 편이다. 모 일본계 기업이 현지 행정 관계자에게 일종의 뇌물을 내밀었다가 그 자리에서 거절당했다는 에피소드도 있는데, 이런 면에서는 서구식 비즈니스를 닮아가고 있는 듯하다.

상하이人, 홍콩人, 베이징人

예산 16억 달러가 투입된 상하이의 신공항 푸둥 국제공항은, 연간 2000만 명의 고객을 수용할 수 있다. 기존의 홍차오[虹橋] 국제공항도 함께 이용되고 있다. 푸둥 국제공항은 앞으로 3년 이내에 제2 활주로를 완성시킬 예정이다.

상하이의 독일 상공회의소는 회원수 500개 사를 자랑하고 있다. 독일의 엔지니어링 회사인 티센크루프, 폴크스바겐(중국명 大衆)이 상하이에서 제조하고 있는 '산타나'는 시장의 60%를 점유하고 있으며, 각종 모델이 200~400만 엔에 판매되고 있다.

또한, 시멘스도 휴대전화로 시장을 확대해나가고 있다. 독일의 폴크스바겐에 이어, 미국 최고 기업인 GM이 푸둥 지구에 진출하여, 뷰익의 고급차 생산을 개시했다. 이 차는 한 대당 500만 엔하는 고급차이며, 상하이에서는 사업에 성공한 부자들이 타는 '지위의 상징'이 되고 있다.

독일 기업은, 신공항과 푸둥 비즈니스 거리 약 30킬로미터를 잇는 고속도로 공사를 급속도로 진행하고 있다. 2003년까지 조기완성시킬 예정이다. 그런 후, 약 1200억 위안(약18조원)의 예산이 투입될 예정인 상하이—베이징간 고속철도 계획에 대해, 일본이 내세우고 있는 신칸센 안을 무산시키려 하는 것이다. 이처럼 상하이에서는 지리적으로 가장 가까운 일본뿐 아니라, 서구 기업과 타이완 기업의 진출이 두드러지고 있다.

국제화에 발빠르게 대응하는 상하이

2001년 10월, 상하이에서 열린 'APEC 회의'는 중국에서 개최된 국제회의로서는 역대 최대 규모로 성공리에 끝났다. 그 기간 동안, 난징둥〔南京東〕 거리에 있는 고급 호텔 '소마호텔'에서는, 하루 숙박비 100달러 이하로는 절대 가격을 인하하지 않는다는 원칙을 지켜왔다. 어디까지나 국제도시의 고급 호텔로서 품위와 격조를 중요하게 여기기 때문이었다.

일본의 버블 경제와 태국의 통화 위기 등, 최근의 세계 자본주의 국가의 경제적 실패를 깊이 연구한 상하이 당국의 움직임은 재빨랐다. 푸둥 지구의 고층 빌딩 입주율이 낮다는 사실을 알게 된 상하이 당국은, 그후 사람들을 푸둥으로 끌어들이는 데 전력을 기울였고, 세계 제3위의 높이를 자랑하는 정부 빌딩 진마오〔金茂〕 등의 입주율을 향상시켰다.

2001년 5월에는, 그동안 유료였던 푸둥 지구로 향하는 터널의 통행료를 일제히 무료로 전환시켰다. 하지만, 푸둥 지구로 향하는 교통량이 증가하는 것을 염려하여, 택시만은 홀짝제를 적용하여 통행에 제한을 두고 있다. 이 제한도 건설중인 신 터널이 완공되면 철폐할 예정이다.

같은 시기에 완공한 지하철 2호의 요금은 당초 최저 5위안(1위안=약 150원)이었던 것을 일제히 1위안으로 내리고, 거리에 따라 1위안~4위안으로 정했다. 이 때문에 지하철로 푸둥 지구에 가는

상하이人, 홍콩人, 베이징人

승객이 늘어났다.

　진마오 빌딩은 소부 보유 빌딩으로서, 높이 420.5미터의 중국 최고층이며, 세계 제3위의 빌딩이다. 지상 88층 건물로 장쩌민 국가주석을 비롯한 중국 지도자들이 다수 참관하러 오고 있다. 88층에 있는 전망대는 입장료가 50위안(약7500원)이나 하는 고액으로, 중국인 노동자에게는 대단한 돈이지만, 가족 단위의 중국인 관광객으로 연일 붐비고 있다.

　몇 년 전까지만 해도 상하이에서는 "일본으로 가는 방법은 없습니까?" 하고 묻는 사람이 많았다. 하지만, 최근에는 그런 질문을 하는 사람이 거의 없다. 일본에서 대학을 졸업하고, 일본 가전제품을 파는 상하이 기업의 경리담당 여직원은 "지금은 상하이에서 돈을 더 많이 벌기 때문에, 이제 일본에 가고 싶지 않아요"라고 말한다.

　스톡옵션 제도를 도입한 기업도 늘어나고 있고, 상하이의 비즈니스에는 활기가 넘친다. 또, 중국 전체에 약 100만 명의 타이완 사람이 살고 있는데, 그 중 상하이 부근에 30만 명이 거주하고 있으며, 타이완 요리·체인점이 눈에 띄게 늘고 있다.

　중국에서도 최근에는 매달 수십만 명이 해외여행을 나가는 추세다. 베이징, 상하이 혹은 광둥성 등에 사는 비교적 부유한 노동자들은 값비싼 관광여행 패키지 상품을 이용해 해외여행을 즐기고 있다.

　태국의 외국인 관광객은 일본과 말레이시아인이 가장 많은데,

이 두 나라를 합쳐 연간 100만 명을 돌파하고 있다. 최근에는 중국이 태국을 방문하는 관광객수 제3위에 드는 나라가 되었다.

물건이 넘쳐나는 상하이

최근까지 아시아에서는 일체형 에어컨이 인기 있었다. 소음이 심해도 쿨러를 보유하고 있다는 것만으로도 자랑거리가 되었다.

그후, 가—가— 하는 소리를 내던 쿨러가 조용해진 것은 베어링 성능이 향상되었기 때문이다. 상하이에서도 대부분의 쿨러가 분리형으로 바뀌었다.

상하이에서 전자동 세탁기를 구입하면, 2조식 수동 세탁기를 한 대 더 선물하는 식으로 판매하는 것을 보았다.

또, 일본에서는 번화가의 뒷골목에서 몰래 영업하는 '섹스용품점'이, 상하이나 선전 등에서는 당당히 길거리에 등장하고 있다. '섹스용품점'은 말 그대로 섹스에 사용하는 용품이지만, 최근 중국 당국은 성해방에 대해서도 모른 척하고 있을 뿐 아니라, 오히려 장려하는 게 아닌가 생각이 들 정도이다.

그렇지 않다면 상하이의 일류 호텔이라고 불리는 허핑반점[和平飯店] 빌딩 안에 버젓이 '섹스용품점'이 들어설 수는 없는 일이 아닐까. 도쿄, 신주쿠의 뒷골목에서 비밀리에 숨어서 영업하는 상점과 비교할 때, 상하이의 '섹스용품점'은 매우 당당해 보이고, 의

사처럼 흰 가운을 입은 여성이 태연하게 성기구의 사용법을 친절히 설명해주는 광경에는 나도 모르게 얼굴이 빨개지고 말았다.

난생 처음 택시요금을 깎은 곳

상하이의 택시 운전사 대부분은 인상이 좋고 친절하다. 특히, 차 지붕에 푸른 표시등을 단 국영 택시가 더 친절하고 안전하다. 서비스업에서는 민영보다 국영 쪽이 더 인기가 좋다.

택시가 움직이고 운전사가 미터기를 꺾으면, 차의 서비스 번호를 알려주는 안내 음성이 흘러나온다. 일본에서는 심야에 할증 요금이 적용되지만, 중국에서는 밤에 국영 택시를 타기 전에 "좀 싸게 안 될까요?" 하고 물었더니, 즉석에서 20% 깎아주겠다고 한다. "밤에는 교통 체증이 없으니까요"라고 그 운전사는 말했다.

현재의 상하이는 사람이나 거리나 눈에 보이는 모든 것이 활기에 넘쳐 있다.

바야흐로 중국은 이제 21세기의 거대한 마켓으로 떠오르고 있는 것이다.

맺음말

　내가 중국 내 각성(省) 사람들의 성격과 기질에 관심을 갖고, 구체적인 취재를 위해 각지를 돌아다닌 것은 약 24년 전의 일이다. 베이징에서 정부 홍보지 〈중국화보사〉에 근무하던 시절이다.

　각지를 돌며 자료를 모으는 과정에서, 중국의 광활함과 중화 민족의 심오한 역사성에 문화 충격을 느꼈을 정도이다.

　그 이전에 막연하게 흥미를 가진 것은 유아기로 거슬러 올라 간다. 사실 나 자신이 '유랑인생'이었다. 중국 산둥성 칭다오에서 태어나, 유치원 때부터 초등학교 저학년 때까지 허베이성에서 자 랐다. 초등학교 4학년 때 다시 고향 칭다오로 돌아와 중·고등학 교 때까지 생활했지만, 대학교는 산둥성 지난시에서 보낸 '유랑인 생'이었다.

　허베이성 베이따이허(北戴河)는 중국공산당 간부가 매년 중요한 정치회의를 여는 피서지로 유명하다. 성민 기질은 오랜 북방민족의 피가 섞인 거친 기풍이 있다.

한편, 고향 산둥성은 흔히 '산둥호한'이라 불리며, 순수한 한족이 많고, 지금도 유교정신이 뿌리 박힌 온화한 지역이다.

"같은 중국인이면서 말이나 기질, 풍습이 왜 이렇게 다를까" 하고 어린 마음에 궁금해 했던 것이다. 나는 유교의 창시자 공자의 후손으로, 공자 제75대 직계 자손에 해당한다.

중국의 이웃나라들에는 공자가 역설한 '인·의·예·지·신'이라는 유교철학이 지금도 생활 속에 면면히 숨쉬고 있다. 공자의 그 후손으로서 영광스럽게 생각한다.

앞으로도 다소나마 중국을 제대로 알리는데 일익을 담당했으면 하는 바람이다. 17년 동안 일본에 머물면서, 나의 저서도 영어판, 중국어판, 한국어판을 포함해 모두 60권 이상이 출판되었다. 내 저서를 읽어준 많은 독자 여러분께 "감사합니다!" 하며 인사를 올리고 싶다.

칭다오 행 비행기 안에서
공건

이재규 교수의 3분경영

"지식이 주요 생산요소인 지식사회에 있어서 지식근로자는 어떻게 살고, 어떤 식으로 일을 해야 하며, 그리고 어떻게 노후생활을 준비해야 하는가"

피터 드러커의 저서들을 국내에 번역 소개하여 "지식경영"의 붐을 일으키기도 했던 이재규 교수가 일반인들을 위해 쓴 경영 에세이. 3분~5분의 짧은 시간에 읽을 수 있는 글들로 구성되어 있는 이 책에서는 현대의 지식근로자라면 꼭 알아야 할 "지식경영"의 핵심들을 쉽고 간결하게 전달해주고 있다.

이재규 지음/값 10,000원

미야모토 무사시의 전략경영

"무협소설 매니아에서 대기업 경영자까지 모두 만족시키는 신기한 책"
—김지룡(일본문화평론가)

일본의 전설적인 검객 미야모토 무사시. 그가 말년에 쓴 〈오륜서(五輪書)〉는 병법의 바이블로 통한다. 이를 현대의 경영 전략에 접목시킨 책 〈미야모토 무사시의 전략경영〉이 나왔다. 그는 이 책에서 검술과 무사의 도에 관해 얘기하지만 한 구절씩 음미해 보면 난세에 필요한 경영전략의 진수가 담겨 있다. —〈한국경제〉 고두현 기자

미야모토 무사시 지음/값 7,000원

2020년 기업의 운명

"기업의 미래를 예측한 보기 드문 명저"
—공병호(한경와우 TV '공병호의 독서대학')

이 책은 제조업과 기술의 급속한 변화 속에서 사회를 이끌고 갈 사람들의 지침서이다. 저자들은 산업을 변화시킨 첨단 기술에 대한 폭넓은 경험과 깊은 연구를 바탕으로 제조업의 미래에 대하 독창적이면서도 설득력있는 견해를 보여주고 있다. —오세경(건국대 경영학부 교수)

P. 무디·R. 모얼리 공저/이재규 옮김/20,000원

〈삼국지〉〈십팔사략〉에서 배우는 실패의 교훈

반면교사(反面敎師)— 앞서 걸어간 사람의 실패한 발자취는 후세인들의 길잡이!

실패를 배우려면 '반면교사(反面敎師)'에서 터득하는 게 가장 좋다. 가까이는 자기 주변에서, 멀리는 역사 인물 중에 그 본보기가 많이 있다. 특히 중국의 역사서에는 후세 사람들에게 반면교사가 된 실패자들의 얘기가 여러 가지 나와 있다. 이 책은 중국 역사 속 인물 50명을 골라 그 실패의 사례를 소개함과 동시에 현대 비즈니스맨들이 교훈으로 삼아야 할 점에 초점을 맞추어 쓰여졌다.

니와 슌페이 지음/이강희 옮김/값 8,500원

하가쿠레 (葉隱)

어느 사무라이가 들려주는 인간경영의 지혜

이 책은 언뜻 보기에 무사도(武士道)에 관해 얘기하고 있지만 일본에서는 수많은 사람들에게 자기수양과 비즈니스의 텍스트처럼 읽히고 있는 책이다. 싸움에 임한 무사의 행동 미학을 설파하는 이 책 속에서 우리는 세상사에 임한 현대인들에게 필요한 인간경영의 키워드를 찾아낼 수 있다.

야마모토 쓰네토모 지음 / 이강희 옮김 / 12,000원

위대한 인물 51인의 마지막 행적

인간은 모두 죽는다. 어떻게 죽을 것인가

이 책은 위인들의 화려한 행적 뒤에 감춰진 본성의 밑바닥을 드러낸다는 점에서 흥미롭다. 그것은 어쩌면 인간 자신의 모습이기도 하다.
―〈조선일보〉 김태익 기자

M.V. 카마스 지음 / 이옥순 옮김 / 7,000원

머니헌트.com

창조적이고 성공적인 창업을 위한 25가지 법칙

책을 펼치면 첫 페이지부터 저자들의 일갈이 시작된다. "더 이상 남을 부자로 만드는 일에 시간을 허비하지 말라!" 그렇다면 무엇을 하란 말인가? "자기 일을 시작하라! 창업하라!" 이것이 저자들이 이 책의 독자들에게 던지는 일관된 자극이다.

물론 이 책은 멀쩡하게 회사 잘 다니고 있는 사람들에게 무책임하게 헛바람만 집어넣지는 않는다. 이 책의 주된 내용은 독창적이고 현실적인 창업 아이템과 창업 방법 25가지를 소개하는 것이기 때문에 어디까지나 저자들은 자신들이 내뱉은 말에 대해 최선의 책임을 다하고 있다.(…)

더욱이 저자들이 소개하고 있는 창업과 경영의 방법들은 하나같이 귀에 팍팍 꽂히는 생생하고 구체적인 조언들이기 때문에 읽는 이에게 실질적인 도움이 되어 준다.—인터넷 서점 〈알라딘 서평〉 주환수

마일즈 스펜서 · 클리프 엔니코 지음 / 김택 옮김 / 값 10,000원

월가 큰손들의 투자비밀

케네스 스턴 지음 / 형선호 옮김 / 12,000원
월가 거물 9명의 투자 철학을 통해 세계 주식 시장의 흐름과 투자원칙을 가르쳐준다.

롱텀 데이트레이딩

마이클 신시어 지음/ 형선호 옮김 / 10,000원
장기 투자의 안정적인 투자전략과 단타매매의 장점을 접목한 획기적인 투자기법!

하락장에서 큰돈을 벌어라

사이 하딩 지음 / 형선호 옮김 / 9,500원
하락장에서 수익을 올릴 수 있다. 그 투자 방법을 제시해준다.